莉犬めもりー

RINU MEMORY

『莉犬めもりー』を手にとってくれてありがとう。
この1冊は、いままでのオレを
丸々詰めた1冊になっています!

君の「好き」に何度だって励まされた。
君の「ありがとう」が何度だって
未来をつくってくれた。

そんな君への感謝の気持ちを詰め込んだので、
ちゃんと届いてくれたらうれしいな。

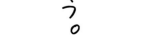

2021年5月24日　莉犬

イラスト／フカヒレ

莉犬めもりー

CONTENTS

CHAPTER 01

PROFILE

PROFILE

SNAP PHOTO

HISTORY

PROFILE

莉犬くんについての知りたいこと、
たくさん教えちゃうね♡
4step質問コーナーや
つーちゃんとコタローくんの写真、
インテリア、1日の
タイムスケジュールなど、
いろんな莉犬くん情報が満載だよ!!

CHAPTER 01

PROFILE

ちっちゃいバージョンも♪

これが莉犬くんのサインだよ♡

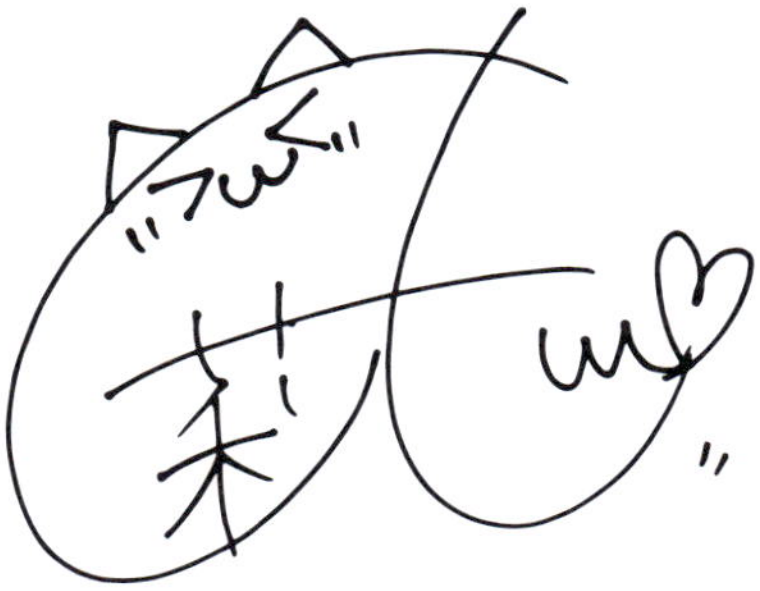

莉犬PROFILE

誕生日	1998年5月24日
星　座	ふたご座
血液型	B型
出身地	とーきょー
身　長	りんご3個分
足のサイズ	いちご3個分
活動開始日	2016年1月10日

6人組のエンタメユニット『すとぷり』のめんばーなんだ

Twitter

フォロワー68万人！

YouTube 公式チャンネル

登録者数120万人突破！

莉犬くんのSNSをチェック!!

※2021年4月現在

PROFILE

Instagram

フォロワー
34万人!

TikTok

フォロワー
90万人!

LINE

友だち数
86万人!

※ログインする必要があります

莉犬くんのAnswer

莉犬くんのこと、もっともっと知りたい♡
最新の莉犬くん情報まとめ、4Stepでどうぞ！

Step 1 Yes、Noで教えて！

YES か NO だけで答えてもらいました！

Q. お花見は好き？

YES

Q. 雨は嫌い？

NO

Q. わりと努力派？

YES

Q. 寒がり？

YES

Q. 好きな色はもちろん赤？

YES

Q. かわいいは正義？

YES

Q. 引っ込み思案の女の子は嫌いですか？

NO

Q. おしゃれな女の子は好きですか？

YES

Q. 朝ご飯は食べる？

NO

Q. ラーメンは好き？

YES

Q. 歌うのは好き？

YES

CHAPTER 01

PROFILE

Q.
日焼けは気にする？

NO

Q.
ピアスの穴あいてる？

YES

Q.
デートのときは
手をつなぐ？

(YES)

つ、つなぎましょう……！

Q.
学生時代、成績は
よかった？

YES ≡

Q.
20代は楽しい？

YES

Q.
いちごは好き？

YES

Q.
踊るのは好き？

YES

Q.
お散歩は好き？

YES

Q.
勉強は好き？

NO

Q.
動物は好きだよね？

YES

Q.
キャンプに
行ったことある？

YES

Q.
アウトドアは好き？

YES

Q.
自動車の
運転免許持ってる？

NO

Q.
眠れない日って
ある？

YES

Q.
ジムにかよってる？

NO

Step2

数字で教えて！

数字だけで答えてもらいました！

Q.
最長で何時間くらい寝たことある？

50時間

Q.
おうちにイスは何個ある？

2個

Q.
牛丼はどのくらい食べる？

4年に1回

Q.
自炊するのは？

週7回

Q.
お酒を飲むのは？

月1〜2回

めんばーとしか飲まないんだ！

Q.
初恋は何歳？

5歳

アニメのキャラクターだったよ♥

Q.
起きる時間は？

AM6時

Q.
1日何食？

2食

Q.
コンビニには何回行く？

週1回

CHAPTER 01
PROFILE

Q.
50m走、何秒？

5秒

Q.
持ってる
Tシャツの数は？

3枚

Q.
週にどれくらい
マンガを買う？

100冊

Q.
アクセは
何個つけてる？

50個

Q.
何回めのデートで
告白？

0回目

Q.
息はどれくらい
とめられる？

2分

Q.
1日のうちで
携帯さわってる時間

2秒

Q.
万歩計つけたら
どれくらい？

1日5,000歩

Q.
中学のときは1日
どれくらい勉強してた？

0時間

Q.
腹筋は何回できる？

1,000回

Q.
エアコンの設定温度は？

27℃

Q.
ペットの数

2匹

Q.
つくねちゃんに
キスする回数

1日10回

Q.
コタローちゃんを
だっこする回数

1日10回

Step3

ひとことでお願い

ひとことと、ください♡

Q. 美肌の秘訣を教えて！

プリンを食べること！

Q. 好きな香りってある？

柑橘系とか、レモンの香り

Q. おうちでいつもいるところはどこ？

だいたいベッド

Q. 醤油とソースどっち派？

目玉焼きにもソース！

Q. 無人島に持っていくとしたら何？

サバイバルができそうなさとみくん

Q. 座右の銘を教えて！

天上天下唯我独尊

Q. いちばん好きなマンガを教えて！

ONE PIECE

Q. いちばん好きな映画は？

ハウルの動く城

Q. カラオケで絶対に歌う曲は？

なーくんが絶対入れるから『ルマ』

Q. モノマネされるのは好き？

めんばー限定で好き（笑）

Q. 占いって信じる？

いいことだけ信じる！

Q. 行ってみたい国は？

イタリア

Q. ハマってるドラマある？

数ヵ月に1度はみる『ROOKIES』

Q. コンビニでいつも買う物は何？

プリン

CHAPTER 01

PROFILE

Q.
30歳になったら何したい？

プライベートビーチを買う

Q.
将来住むならどこがいい？

無人島

Q.
すとぷりになってなかったら何になってた？

ヒーロー

Q.
すとぷりめんばーとして大切にしてることは？

あいさつ

Q.
つくねちゃんたちといつも何してるの？

コソコソ話

Q.
ストレス解消法は？

お散歩

Q.
苦手なもの教えて！

納豆とグリンピース

Q.
ピザは何を頼む？

マルゲリータ

Q.
好きなおでんの具は？

ちくわぶとはんぺん

Q.
今日で世界が終わるとしたら何する？

めんばーと飲み会

Q.
何でそんなにかっこいいの？

唯我独尊だから！

Q.
どうしてそんなにかわいいの？

唯我独尊だから！

Q.
今日のネイルは？

生まれたままのツメ！

Q.
ついつい集めちゃうものは？

駄菓子

Step4

もちょっと
くわしくよろ♡

莉犬くん、じっくり教えて！

Q.
握手会やライブには
どんな洋服で行ったらうれしいですか？

似合っていればなんでも
うれしいよ。自分が好きな
ファッションで来てほしい！

Q.
10代のころ、
もっとしておけばよかった
ってことある？

う〜ん……
やっぱり勉強！
勉強、大事！
しょぼーん（´・ω・｀）

Q.
自分を動物に例えると
もちろん犬？

昔は猫って言われる
ことが多かったけど
いまはやっぱり犬かな〜！

Q.
ヘアメイクで
こだわっていることある？

ヘアメイクさんに全部
おまかせしちゃってる。
いつも「かっこよくしてください！」
ってお願いしてるよ。

Q.
自分の性格でなおしたい
ところある？

ないです。だって
唯我独尊だから！（即答）

Q.
莉犬くんのこれだけは
譲れないものってある？

唯我独尊なところ！

Q.
悩みやコンプレックスは
どうやって克服するの？

悩んだりするときは
内なる莉犬と
会話するんだ。
じっくり話し合って
解決していくよ。

Q.
いまの立場にプレッシャーを
感じることはありますか？

ない。
唯我独尊だから！（笑）

Q.
最後に……
将来の夢を教えてください！

いろいろやりたいことは
あるけど……やっぱり
プライベートビーチが
ほしい……！

Q.
ナイトルーティン
教えて！

そろそろ寝ようって
思ってから
アニメみて
お風呂入って
歯みがきして
ベッドに行く！

大事な FAMILY

Family

莉犬くんの大事な家族、
犬のつくねちゃんと猫のコタローくんを
紹介しちゃうよ！
かわいい写真もたっくさんあるよ♡

犬 つくね（通称：つーちゃん）

プロフィール

見た目が「つくね」っぽかったからこの名前に。

幼少期、見た目があまりにもタヌキだったので「本当にわんちゃんですか……？」とペットショップの店員さんに質問したことがあるんだ。

「たぬき」または「ポン太」と名づけられかけたが、女の子だったので「つくね」になったよ。

性　格

**元気いっぱい人なつっこい。

腕枕してもらうのが大好き。

最近「ふせ」を覚えた。**

誕生日　**2018年11月5日**

種　類　**ポメラニアン**

PROFILE

猫 コタロー(通称:コタ)

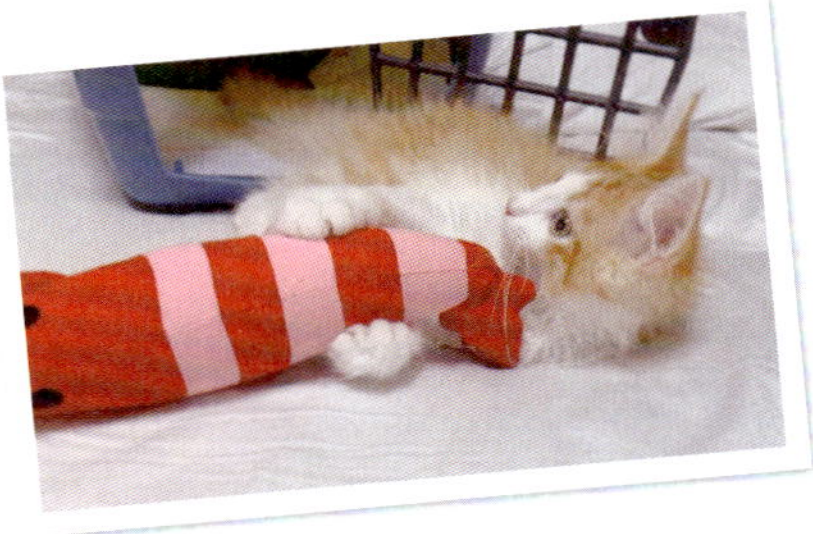

プロフィール

和風な名前にしたくて「ヤマト」「ねこすけ」「コタロー」で悩み、結果、コタローと名づけたよ。

幼少期からつーちゃんと過ごしてるため、たぶん自分を犬だと思ってる。

名前を呼んだら近づいてくるし、お留守番も玄関でずっと待ってるんだ。

性　格

甘えん坊で怖いもの知らず。近づくだけでノドをゴロゴロならしてしまう。

誕生日	2019年12月9日
種　類	サイベリアン

莉犬くんの理想のお部屋

Room

莉犬くんのお部屋ってどんな感じ？
気になるよね！　レイアウトを
描いてもらったら、将来住みたい
理想のお部屋になっちゃいました（笑）。

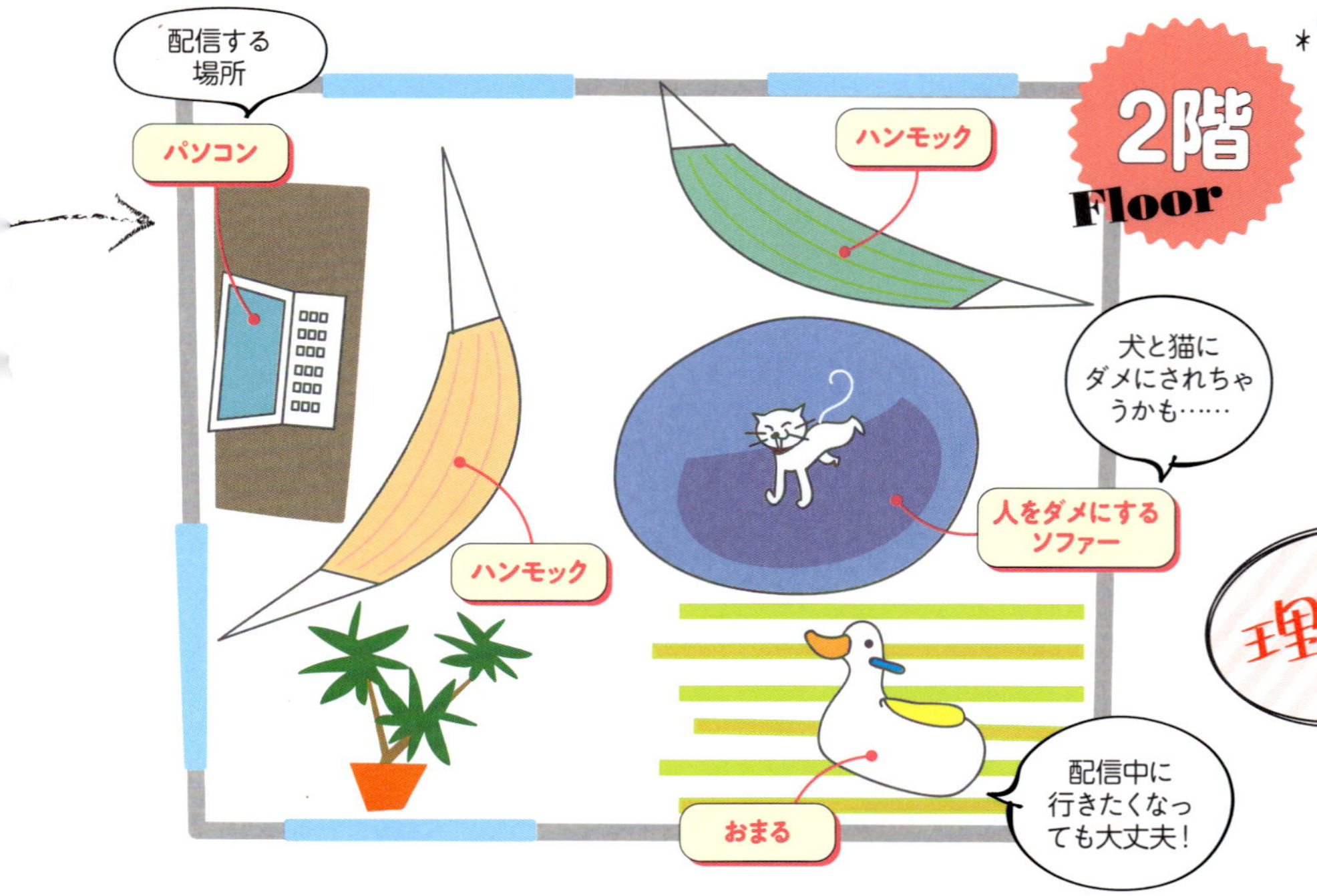

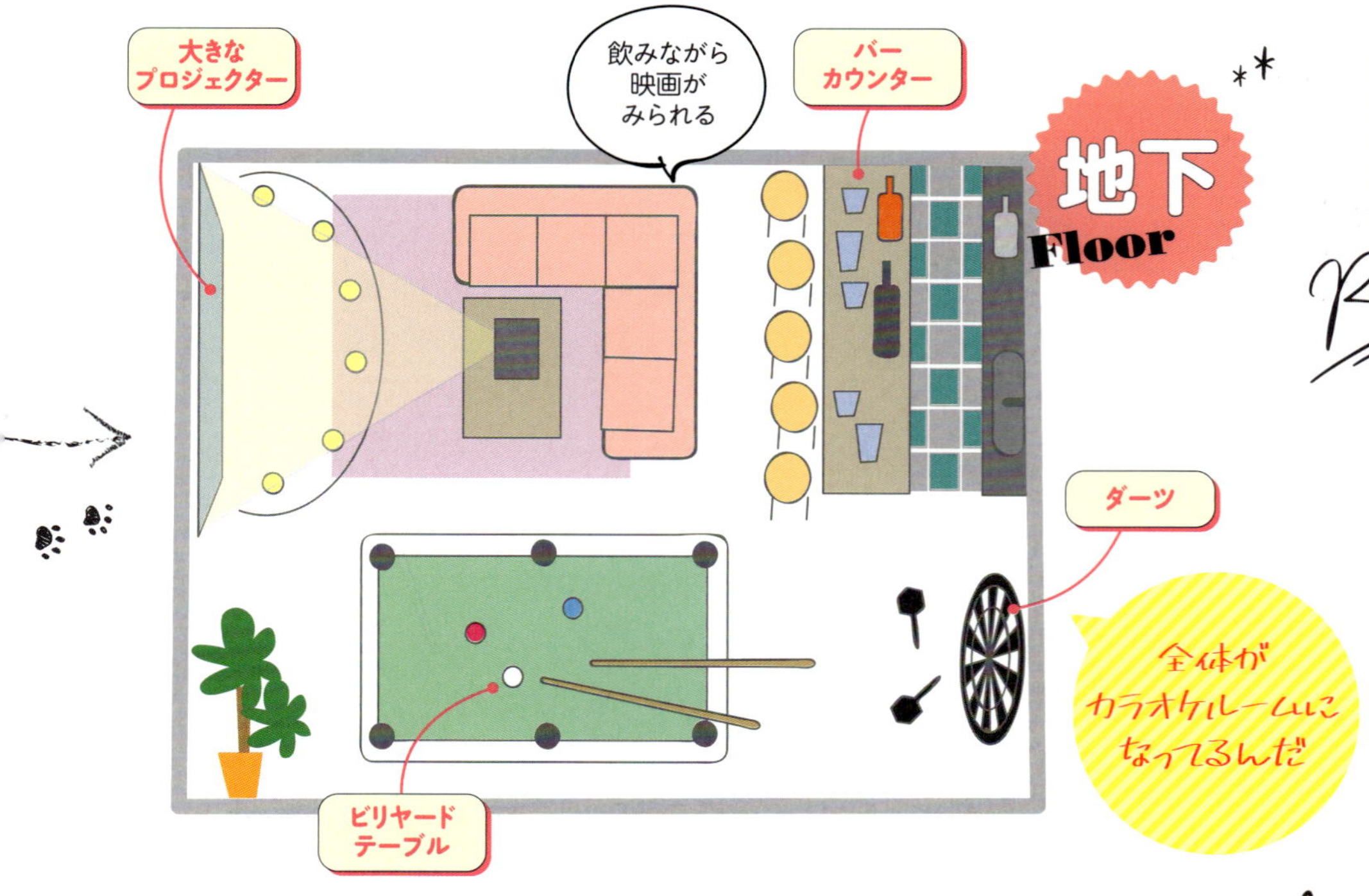

すとぷりめんばーがたまる場所。
いつでも遊びに来られるように充実させたよ！

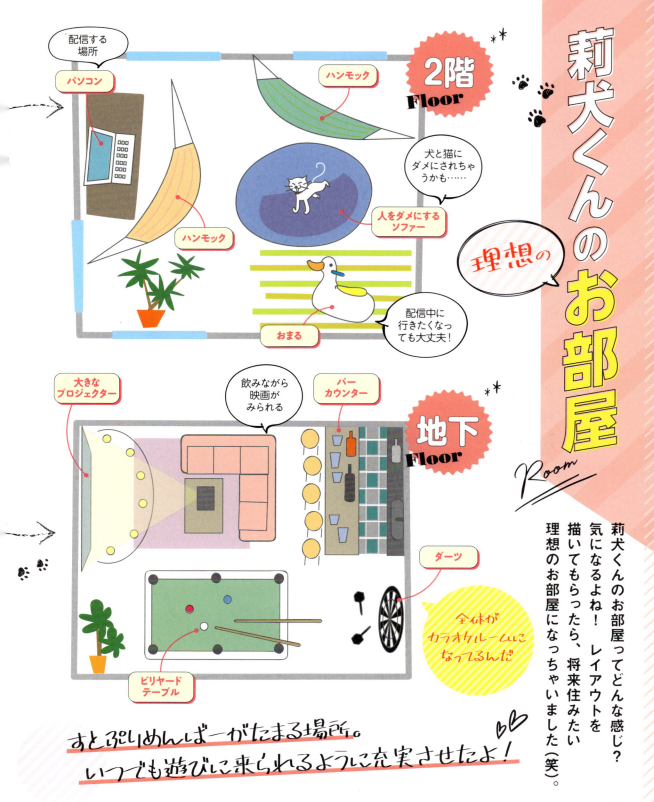

ちなみに……

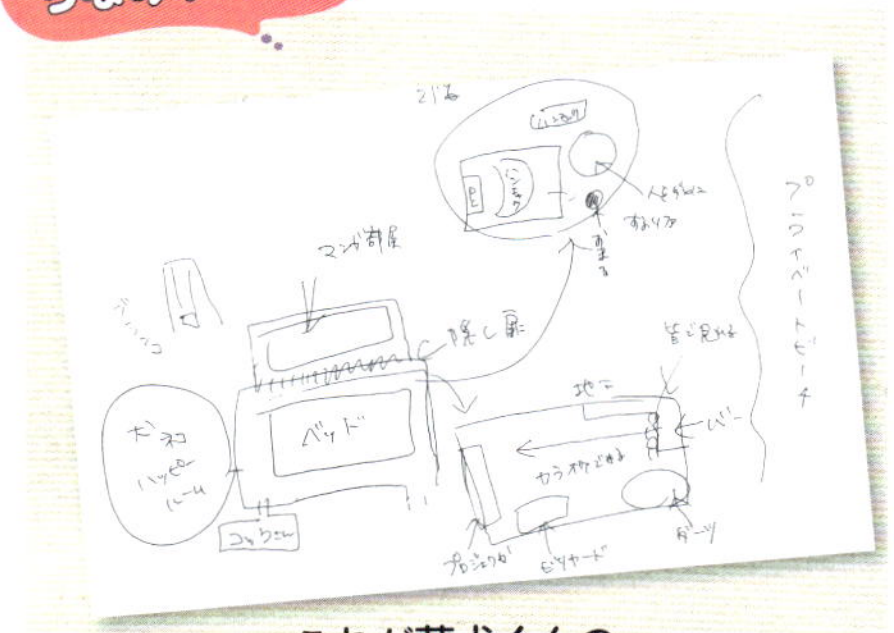

これが莉犬くんの手描き見取図だよ

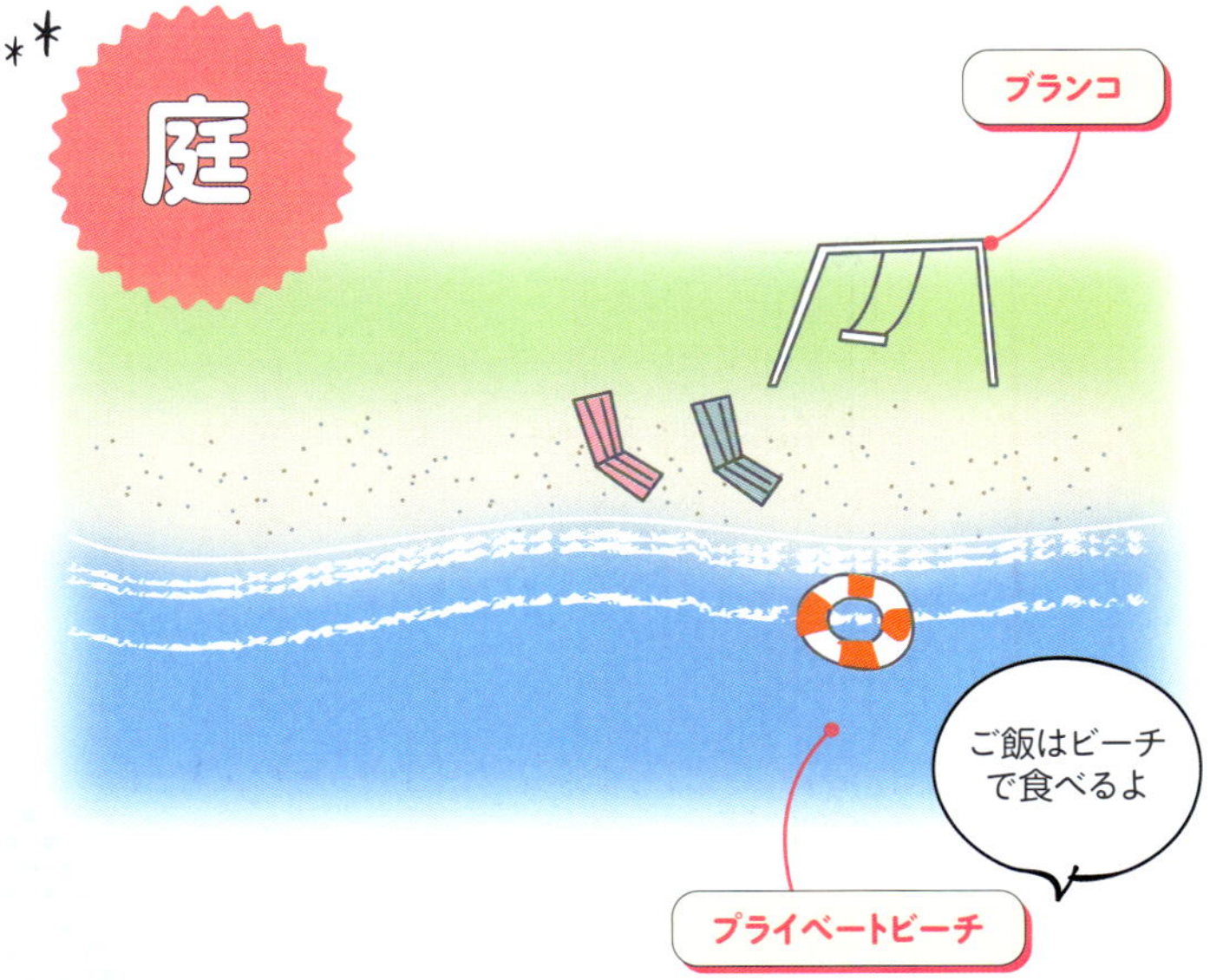

莉犬くんの1日

1Day

莉犬くんは、どんな1日を過ごしているの？
気になるよね！　お仕事の日とオフの日、
それぞれのスケジュールを聞いてみたよ♡
きっと、寝るのも仕事のうちだね（笑）。

お仕事の日

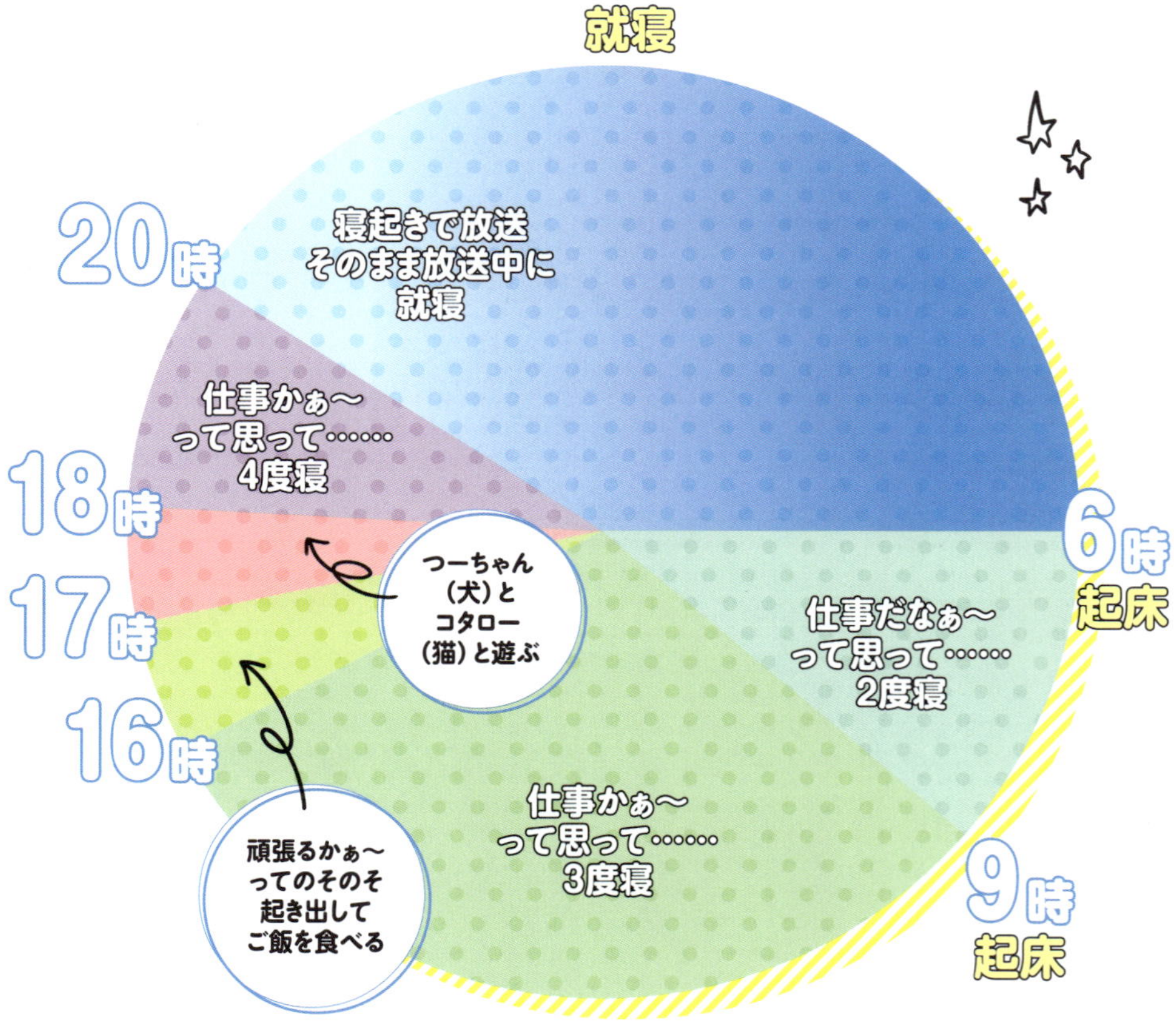

何度寝するの!?

オフの日

夢の世界で生きてる!?

24時間
寝る

毎日夢をみるんだ。
魔法を使ったり、
物語の中に入ったり
する夢

思い出の夢

深夜に廃校をまわって、戦ったりミッションをこなしたりしてるんだ。でも、怖いし仲間はどんどん消えていくし……。残りふたりになったとき、きっと次は自分が消えるんだなって思って振り向いた瞬間、「この夢、前もみた……」って思い出して起きる夢。

それを3回くらいみたときは怖かった……。 夢占いしたい!!

Rinu After School

誰もいない放課後の教室で
彼は思いを馳《は》せていたよ……。

「勉強は好きじゃなかったな」

「ひとりになれる場所」

「手紙をみつけたときは驚いたよ」

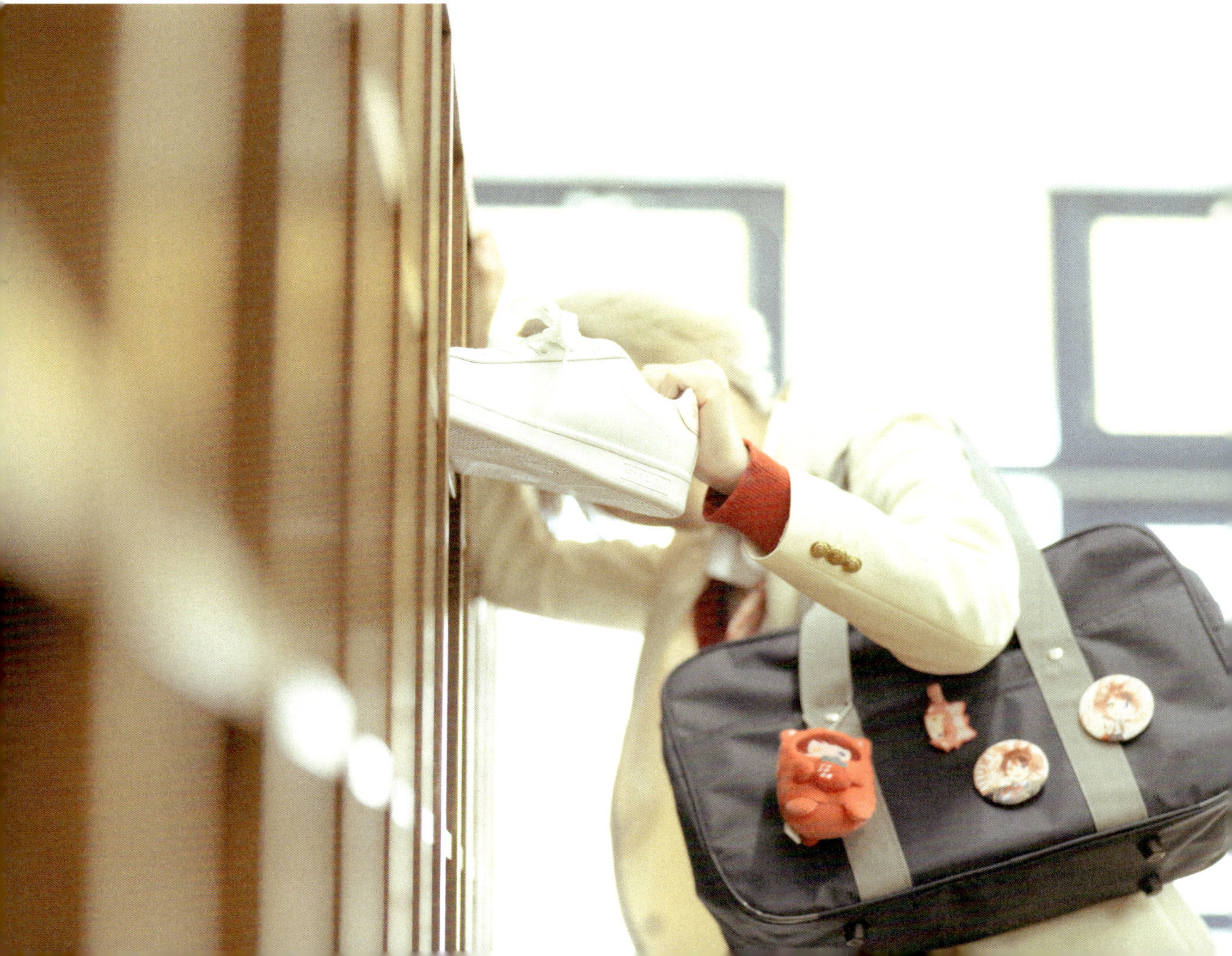

「待ち合わせは
いつもここ」

「ひとりで歩く帰り道
いつぶりだろう？」

「やまない雨はないよね」

撮影：立松尚積
ヘアメイク：JOE

RINU

HISTORY

ネットへの投稿を始めたきっかけや、
すとぷりめんばーになってからのソロ活動についてなど、
莉犬くんの歴史（ひすとりー）をひもといていくよ。

1998年 5月24日

誕生!!

小学生

声優さんになりたかったから、最初は歌いたいというより、声で何かをしたいって思ってたんだ。

小学生のころ、「声優になりたい」っていう友だちがいたんだけど、亡くなっちゃって……。で、その子に「かなえられそうにないから代わりに声優になってほしい」って言われて「わかったわかった」って返事をしたんだよね。それから声優を目指してた。

**友だちの頼みで
声優を目指したことが
すべてのきっかけ**

HISTORY

中学生

「声優になるにはどうしたらいいだろう?」って考えて、演劇部に入ったんだけど、そこである先輩に出会ったんだ。

実はネットへの興味は不純で……。その先輩のことが好きだったんだけど、先輩が「歌ってみたの文化が好き」って言ってて、それで「話合わせちゃおう」と思って、にわかの状態で「めっちゃいいですよね!」って返したのが始まりなんだ。ちょうどニコニコ動画が流行り出したときなんだけど、にわかがバレないようにそこから一生懸命調べたのが、「歌ってみた」に興味を持ったきっかけかな。

高校生

ずっとみてる側だったんだけど、ネットで活動している人に元気をもらってるうちに、「自分も元気をあげられる側になりたいな」「やってみたいな」と思って、活動を始めてみようって考えるようになったんだ。

とりあえずやってみようかなって思ったのは、部活をやめたのが大きいかな。それまでは部活が忙しくて……部活をやめて時間ができたから投稿してみたんだ。

活動の最初のころは配信環境がよくなくて……お父さんが会社で壊れたパソコンを家に持って帰ってきてたんだけど、そのパソコンで配信してた(笑)。家電量販店で1000円くらいのマイクを買ってきて、それでちょっとしたセリフの投稿とかしてたんだ。もともと声優になりたいっていうのもあったから、投稿してたのは演じる系のセリフだね。

RINU **HISTORY**

莉犬の誕生は「わんわんおの日」

2016年 1月10日

「莉犬」として活動開始

1月10日が莉犬としての活動開始日なんだけど、なんとなく「投稿するかぁ」って始めただけで、たまたまこの日だったんだよね。そしたら、偶然、YouTubeのチャンネル開設日も1月10日だったみたいで、しかもそれが「わんわんおの日」で驚いたよ。りすなーさんに記念日を祝ってもらって気づいたんだ(笑)。

記念すべき!? 最初の投稿はニコニコ動画。さつきがてんこもりさんの『ネトゲ廃人シュプレヒコール』の「歌ってみた」動画だったよ。

ネトゲ廃人シュプレヒコール／莉犬【歌ってみた】

2016年 6月4日

すとぷりの
活動スタート

すとぷりの莉犬が誕生

莉犬として活動を始めてすぐにすとぷりに入ったんだよね。フォロワーさんの数も1000人くらいだったから、最初は「え!?」って感じで驚いたんだ。

なーくんから「かまそうよ!」って連絡がきて、「かましましょう!」って返したらグループになってた(笑)。

そのときは、こんなにライブとかやるグループとは思ってなくて、みんなで仲よく「頑張ろうぜ!」くらいだと思ってたんだ。それがまさかこんなことになるとは……すごいよね。

るぅとくんとさとみくんは、すとぷりになる前から知り合いだったんだけど、るぅとくんってほんとにコミュ障だから絶対に仲よくなれないなって思ってた(笑)。

初めて会ったとき、沈黙が気まずいってのもあって、るぅとくんにずっと話しかけてたのに「はい……」しか言わないし「こいつまじ全然しゃべんないなぁ」って思ってた。だから、仲よくなることはないだろうなと思ってたんだけど、いつのまにか相方になってたよ(笑)。

【MV】ちこくしてもいいじゃん／莉犬×るぅと【オリジナル】

莉犬くんとるぅとくんのふたりによる楽曲『ちこくしてもいいじゃん』

RINU **HISTORY**

グループとしての活動をライブで実感

グループで活動してるっていうのを、このライブで実感したんだ。みんなで頑張れるんだって、あらためて感じたよ。

2016年 8月14日

ライブ

『すとろべりーめもりーvol.1』開催(東京:KINGSX TOKYO)

公式チャンネルの誕生も「わんわんおの日」

2017年 1月10日

YouTubeチャンネル開設

2017年 1月24日

初のレコーディング

何の曲かは……忘れちゃった(笑)。

2017年 3月11日

ライブ

『すとろべりーめもりー vol.2』開催(東京:吉祥寺CLUB SEATA)

2017年
4月5日

歌ってみた
『おねがいダーリン』投稿

なーくんからのプレゼントが世界を変えた!?

この投稿から配信環境が一気によくなったんだ！ それまでは、放送してもパソコンが落ちちゃったり、歌とかも全然できなかったりして……。配信環境が悪すぎて、「もうダメだぁ……」ってなってたんだけど、なーくんが「頑張りたいときに頑張ろう」ってことで、パソコンをプレゼントしてくれたんだ。

それで「活動を頑張るぞ！」ってなった勢いで『おねがいダーリン』の「歌ってみた」を投稿したら、爆発的に人気が出たんだよ。なーくんからのプレゼントがなかったら、『おねがいダーリン』の動画は生まれてなかったのかなぁって思うんだ（笑）。

おねがいダーリン／莉犬【歌ってみた】

家庭の事情で大学に進学できなくなり、なーくんと今後のことをいろいろ話して、活動を本気で頑張ろうと決意してから1発目に投稿した「歌ってみた」がこの曲。「莉犬」としての活動の本当のスタート地点のように感じているんだ。アルバムにも絶対に入れたいなと思って、『「R」ealize』であらためて歌わせてもらったんだよ！

2017年
8月26日

ライブ
『すとろべりーめもりー vol.3』
開催（東京：新宿ReNY）

2017年

9月2日

報告

本当の自分について

高校を卒業して、これからしっかりと活動をしていこうかなって思ったころだったんだけど、きちんと診断もしたし、りすなーさんにお伝えしようかどうか迷ってたんだよね……。りすなーさんが増えてきている中で、このままだと嘘をついてる気がして……。

なーくんに、ちゃんとお伝えしたほうがいいのかなって相談したら「莉犬くんがしたいようにしたらいいと思うよ」って言ってくれたんだ。それで、みんなにお伝えしたんだよ。

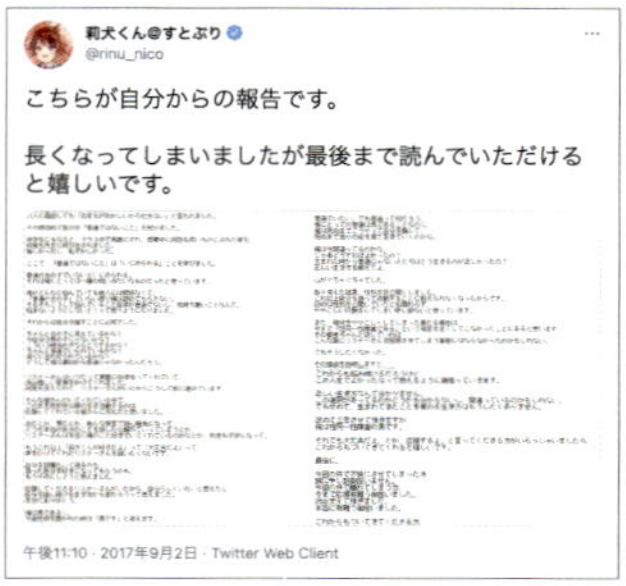

放送のあとにTwitterにも投稿された莉犬くんからの報告

HoneyWorksとの出会いについて

2017年 ライブ

12月2日

HoneyWorks全国ライブハウスツアー
（香川：高松festhalle）

12月4日

HoneyWorks全国ライブハウスツアー
（広島：HIROSHIMA CLUB QUATTRO）

12月10日

HoneyWorks全国ライブハウスツアー
（北海道：札幌PENNY LANE24）

12月13日

HoneyWorks全国ライブハウスツアー
（宮城：仙台Rensa）

12月16日

HoneyWorks全国ライブハウスツアー
（石川：金沢EIGHT HALL）

12月20日

HoneyWorks全国ライブハウスツアー
（東京：EX THEATER ROPPONGI）

12月22日

HoneyWorks全国ライブハウスツアー
（大阪：なんばHatch）

ゴムさん(HoneyWorks)からお声をかけていただいたのが最初なんだ。「一緒にやろう」って直接連絡をいただいて、それでツアーに参加したよ。

楽しかったけど、そもそもライブ自体あんまりやったことがなかったし、めちゃめちゃ緊張した(笑)。ハニワさんともまだそんなにうちとけてるわけじゃなかったし、それでツアーだからほんとに緊張したよ。

このとき、いつかすとぷりのめんばーたちとツアーがしたいなって思ったんだ。

【MV】人生勝利宣言！／莉犬【HoneyWorks】

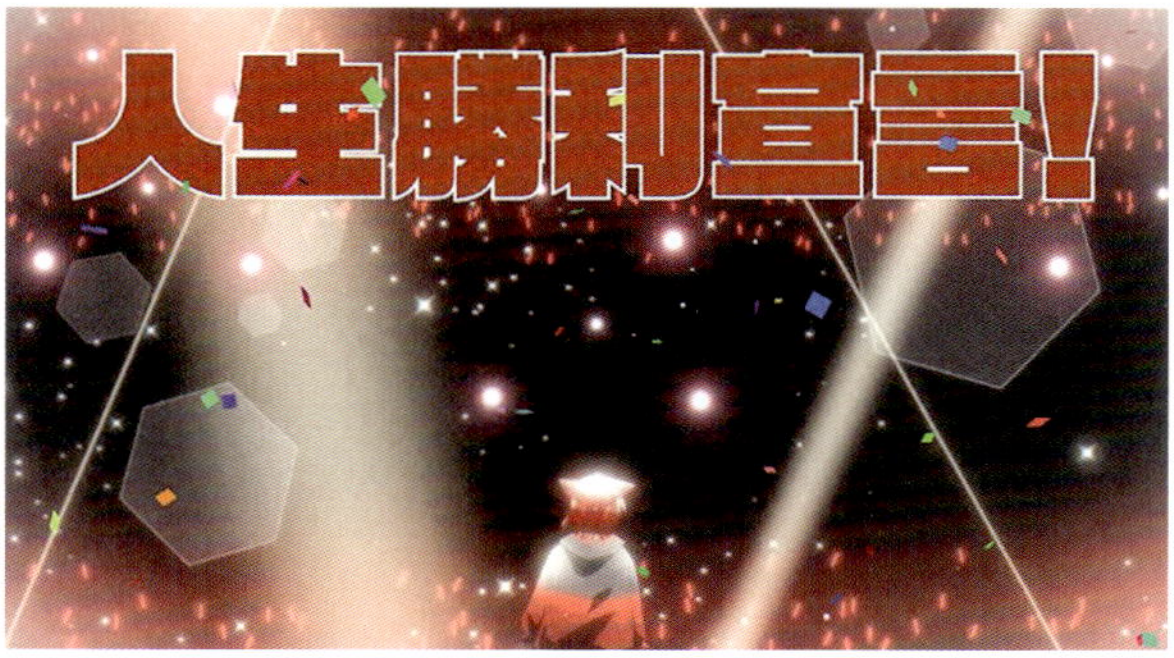

2020年8月27日にMVが公開された『人生勝利宣言！』は、HoneyWorksの制作による楽曲だ

2018年 4月5日

ライブ

『すとろべりーめもりー vol.4』開催(東京：TSUTAYA O-EAST)

人生初の握手会は「緊張で記憶にない(笑)」

握手会後の莉犬くん
「りすなーさんがめちゃくちゃ近くて緊張した」

このときの池袋での握手会が人生初の握手会だったんだけど、りすなーさんと至近距離で会うことなんてなかなかないし、初めてだし、かなり緊張した。何をしゃべったのか記憶にないよ(笑)。

いまはそのころに比べたらマシかな。ちゃんと受け答えができるし(笑)。

2018年 4月14日 曲

『「R」ealize』
発売

2018年 4月27日

『「R」ealize』発売記念イベント
(アニメイト池袋握手会)

5月2日

『「R」ealize』発売記念イベント
(アニメイト梅田握手会)

2018年 4月29日 MV

『小さな恋のうた』
MVアップ

小さな恋のうた／莉犬【cover】

動画の構成を考えるところから完成まで、自分でやってみた初めてのMV。だから、すごく思い入れがある！妥協はいくらでもできたんだけど「いいものをつくりたい！」と限界まで頑張ったよ！『よくできました◎』とか『Since 1998.』のような、ストーリー性のあるMVは、ここから始まったんだ!!

ワンマンツアーで ライブスキルアップ！

初のツアーは、ひとりだったからやっぱり緊張した。「ひとりでやり切れるかな？」っていう心配もあったなぁ。でも3カ所やったことで、だいぶライブ慣れというか、ちょっとずついいパフォーマンスができるようになったかなって思っていたよ。最初のころは「はい！ はい！」とか煽りすらできなかったんだけど、そういうことも含めて、普通にライブを楽しめるようになったんだ。

ツアー中に、るぅとくんとさとみくんが来てくれたのはうれしかったよ！ さとみくんは最初、「え!? い、行くんか……」とか言ってて疲れてたみたいなんだけど、来たら楽しんでくれてたしウキウキだった（笑）。いいやつだよね!!

2018年 ライブ

4月30日
莉犬ワンマンツアー -「R」ealize-
（愛知県：Diamond Hall）

5月3日
莉犬ワンマンツアー -「R」ealize-
（大阪府：BIGCAT）

5月13日
莉犬ワンマンツアー -「R」ealize-
（東京都：新宿ReNY ）

すとぷりでも ライブツアーを開催!!

2018年

6月30日 MV
『すとろべりぃぬまじっく』
MVアップ

2018年

7月30日
ライブ『すとろべりーめもりー vol.5
東名阪サマーツアー!!』開催（東京：Zepp DiverCity）

8月13日
ライブ『すとろべりーめもりー vol.5
東名阪サマーツアー!!』開催（愛知：Zepp Nagoya）

8月15日
ライブ『すとろべりーめもりー vol.5
東名阪サマーツアー!!』開催（大阪：Zepp Namba）

2018年

12月24日
ライブ『すとろべりーめもりー vol.6』
開催（東京：両国国技館）

RINU

HISTORY

すとぷりのライブは
楽しいよね！

ライブ中の莉犬くんを写真で振り返るよ！

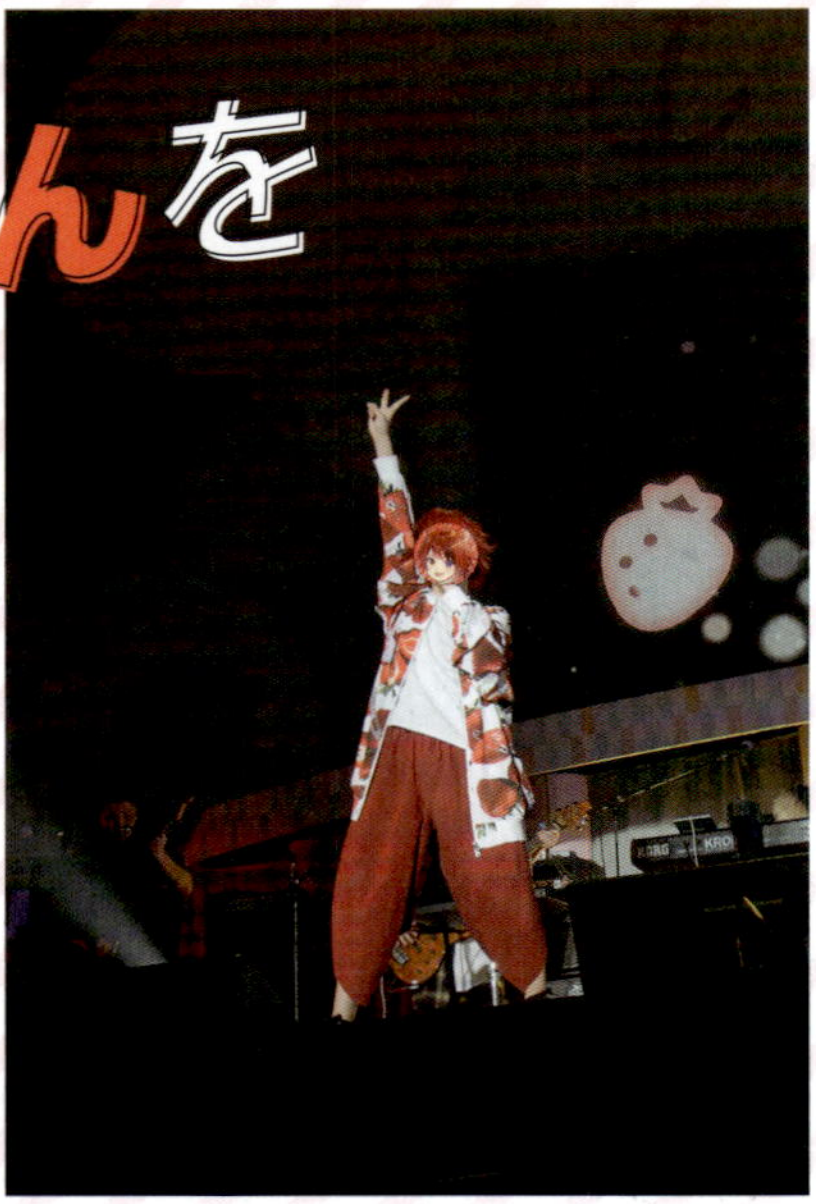

かわいい
信号機組♡

Break Time

RINU

HISTORY

2019年

3月27日 曲

1stミニアルバム
『すとろべりーすたーと』発売

4月30日

ライブ

『すとろべりーめもりー vol.7』
開催（千葉：幕張メッセ）

オレの気持ちは届いたかな？

初めて作詞した曲をみんなに届けるときはすごく緊張したなぁ……。作詞に挑戦したはいいけど、「これでいいのかな？」って……。でも、「気持ちは込められたはず！」って思っていたんだよ。

2019年

5月25日 MV

『君の方が好きだけど』
MVアップ

【誕生日記念】君の方が好きだけど／
莉犬【オリジナル曲】

2019年

7月3日 曲

『君の方が好きだけど』
発売

あらためて動画で報告

以前、放送やTwitterで報告していた自身についてや生い立ちなど、あらためて動画でコメントしたんだ。

2019年
5月26日

『生まれてから、』動画アップ

夏に向けてすとぷりの活動が本格化

2019年
6月29日

ライブ
『すとろべりーめもりー vol.8 俺たちすとぷり大人組!』開催（東京：NHKホール）

6月30日

ライブ
『すとろべりーめもりー vol.8 僕たちすとぷり信号機組!』開催（東京：NHKホール）

7月3日 曲

1stフルアルバム『すとろべりーらぶっ！』発売

2019年
7月30日

ライブ『すとろべりーめもりー vol.9 Summer tour 2019』開催（福岡：Zepp Fukuoka）

8月6日

ライブ『すとろべりーめもりー vol.9 Summer tour 2019』開催（北海道：Zepp Sapporo）

8月10日

ライブ『すとろべりーめもりー vol.9 Summer tour 2019』開催（宮城：ゼビオアリーナ仙台）

8月14日

ライブ『すとろべりーめもりー vol.9 Summer tour 2019』開催（兵庫：ワールド記念ホール）

8月17日・18日

ライブ『すとろべりーめもりー vol.9 Summer tour 2019』開催（静岡：エコパアリーナ）

8月24日・25日

ライブ『すとろべりーめもりー vol.9 Summer tour 2019』開催（千葉：幕張メッセ イベントホール）

RINU HISTORY

2度目のワンマンツアーは超多忙

2019年 ライブ

8月2日
わん！マンツアー『すたーとらいふっ!』
(東京：Zepp Tokyo)

8月13日
わん！マンツアー『すたーとらいふっ!』
(大阪：Zepp Namba)

8月27日
わん！マンツアー『すたーとらいふっ!』
(愛知：Zepp Nagoya)

このころ、すとぷりのツアーとも重なっていてほんとに忙しかった！どっちのリハーサルもあって、かなり限界を感じていたんだけど、なんとかやり切れたよ。いま考えると、とんでもなかった(笑)。

初日の東京は緊張してて、真ん中の大阪はノリがすごくて楽しくて、最後の名古屋はめちゃくちゃ泣いちゃった記憶があるなぁ。とにかく、歌えるオリジナル曲が増えていて、すごくうれしかったよ♡

わん！マンツアー千秋楽(名古屋)のアンコールでは、なーくんからねぎらいのケーキが贈られたんだ

2019年
8月19日

公式ファンブック
『すとろべりーめもりー vol.2』発売
巻頭特集 莉犬のすべて

2019年
9月22日・23日

ライブ
『すとろべりーめもりー vol.10』
開催(埼玉：メットライフドーム)

11月23日 MV

『ルマ』MVアップ

12月5日 曲

Nintendo Switch/
PlayStation®4ソフト
『妖怪ウォッチ4++』
オープニングテーマ
『溶解ウォッチ』担当

1stフルアルバムは
全曲オリジナル曲

2019年
12月11日 曲

アルバム『タイムカプセル』
発売

リリース日には莉犬くんがお忍びで
ショップ巡りをしたよ

RINU **HISTORY**

2019年

12月13日 曲

『映画 妖怪学園Y 猫はHEROになれるか』
オープニングテーマ
『Y学園へ行こう 学園ドタバタ編』担当

12月14日 MV

『よくできました◎』MVアップ

2020年も
かけぬけたよ!

2020年

1月11日 MV

『タイムカプセル』MVアップ

1月15日 曲

2ndフルアルバム
『すとろべりーねくすとっ!』発売

2020年

2月1日・2日

アルバム『タイムカプセル』
発売記念イベント握手会
(アニメイト池袋)

2020年

3月21日 ライブ

無観客生配信ライブ『すとろべりーめもりー in すとぷりちゃんねる!』開催

5月24日 MV

『Since 1998.』MVアップ

6月19日 曲

TVアニメ『妖怪学園Y ～Nとの遭遇～』
挿入歌『へビーなオレが蛇になる』担当

8月27日 ライブ

無観客生配信ライブ『すとろべりーめもりー in すとぷりちゃんねる! vol.2』開催

2020年
8月30日
YouTubeチャンネル
登録者数
100万人突破

自分の中で目標にはしていたから、うれしかったなぁ。昔、ふざけて「チャンネル登録者数100万いくぞ!」とか言ってたのが、まさかほんとに突破するとは思ってなかった(笑)。

100万人達成!!

2020年
11月23日
Twitterにて「伝えよう感謝の日」

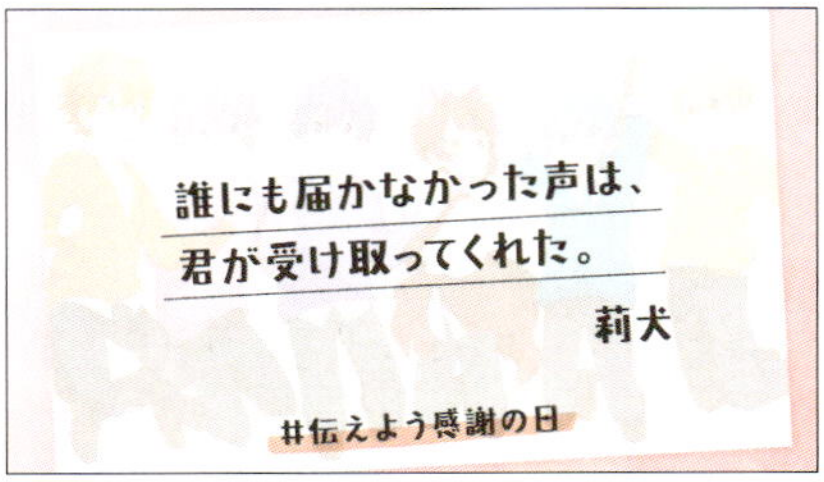

11月27日 曲
TVアニメ『妖怪学園Y ～Nとの遭遇～』
エンディングテーマ『宇宙神秘ブギ』担当

2021年
3月27日 MV
『いいんだよ』MVアップ

3月31日 曲
『いいんだよ』発売

2020年
9月10日 曲
アルバム『タイムカプセル』が
日本レコード協会のゴールドディスクに

11月11日 曲
『人生勝利宣言!』発売

11月11日 曲
『おじゃま虫』発売

11月11日 曲
3rdフルアルバム
『Strawberry Prince』発売

11月20日
『莉犬くん、3Dになる!?』動画アップ

11月21日 ライブ
3D莉犬くんお披露目生ライブ!!!

これから・・・・・・

まずは……
ライブがしたい！

今後も、これまでと変わらず、りすなーさんがよろこんでくれることを一生懸命やっていきたいな。ジャンル問わずに何でも挑戦していきたい！

声優になりたいってことをりすなーさんは知ってくれていて、声優の活動があるたびにすごくよろこんでくれるし、これからもやれたらいいな。もちろん、歌も楽しみにしてくれていて、作詞した曲をみんなうれしそうに聴いてくれているので、これからもたくさん作詞活動をしていきたい!!

そしてコロナが明けたら……ライブがしたい！ とにかく、りすなーさんに会いたいんだ!!

りすなーさんと顔を合わせた最後のライブは、2019年9月22日・23日にメットライフドームで開催された『すとろべりーめもりー vol.10』。次が待ちどおしい！

CHAPTER 02

SINGER

SONG LIST

LIVE LIST

LIVE GOODS LIST

SONG LIST

配信シングル、アルバムはもちろん、ほかのアーティストへの参加曲まで、莉犬くんが歌っている楽曲をリストアップするよ♪

Single

君の方が好きだけど

作詞 莉犬　作曲 るぅと×松　編曲 るぅと×松

2019年5月25日
MV公開

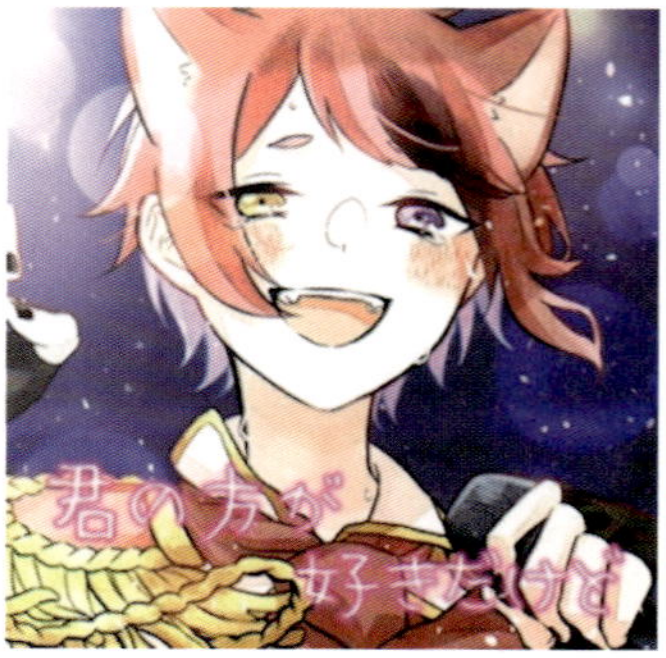

1st配信シングル『君の方が好きだけど』

発売日 2019年7月3日　ジャケットイラスト ねこじた

2019年12月11日に発売されたアルバム『タイムカプセル』にも収録されている、記念すべき1st配信シングル。自身で作詞も手がけている。

配信楽曲

Single

人生勝利宣言！

作詞 HoneyWorks　作曲 HoneyWorks　編曲 HoneyWorks

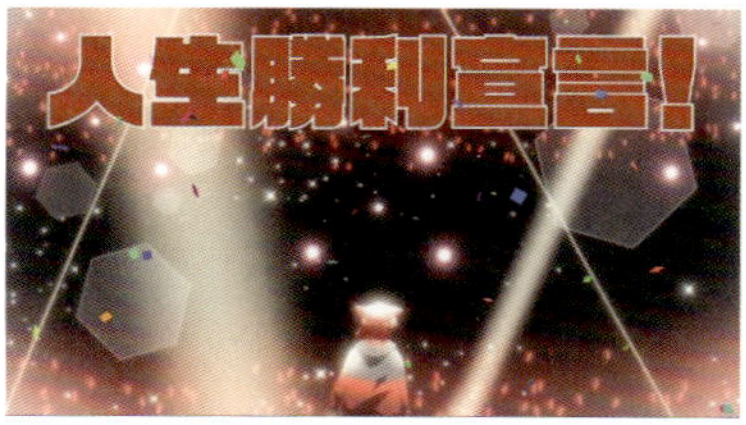

2020年8月27日
MV公開

2nd配信シングル『 人生勝利宣言 ！』

発売日 2020年11月11日　ジャケットイラスト 桐谷

HoneyWorksの書きおろしによる2nd配信シングル。 CD未収録の楽曲となっている。

配信楽曲

Single

おじゃま虫

作詞 DECO*27 作曲 DECO*27 編曲 DECO*27×kous

配信シングル『おじゃま虫』

発売日 2020年11月11日

ジャケットイラスト フカヒレ

※すとぷり3rdフルアルバム『Strawberry Prince』ジャケットイラストより

配信楽曲

DECO*27の4thアルバム『Conti New』の収録曲『おじゃま虫』をカバー。CD未収録で配信のみの楽曲となっている。

莉犬 comment

どんな曲にするかの作戦会議のときに、「莉犬さん、なにか学生のときに恋とかしました?」って話になって……たくさんの大人の方々がオレをみている中で、甘酸っぱい恋愛話をするという辱めを受けたことが忘れられない。いいんだよ……いいんだよ……オレはこれでいいんだよ……。

Single

いいんだよ

作詞 コレサワ 作曲 コレサワ 編曲 川口圭太

2021年3月27日
MV公開

3rd配信シングル『いいんだよ』

発売日 2021年3月31日 ジャケットイラスト ウチボリシンペ(mob creche)

シンガーソングライターのコレサワ氏が作詞と作曲を担当した、旅立ちの季節にぴったりの、切ないメロディーのミディアムテンポな楽曲。配信のみでCD未収録。

配信楽曲

Album タイムカプセル

初回限定DVD盤

初回限定 DVD 収録内容

・すとろべりーめもりーvol.8 DAY2
『僕たちすとぷり信号機組！』
（2019年6月30日（日）NHKホール）
・君の方が好きだけど
・すとろべりぃぬまじっく
・ちこくしてもいいじゃん
・ちこくしてもいいじゃん
～オーディオコメンタリー 莉犬ver.～

品番

STPR-9007

価格

3300円（税込）

仕様

CD+DVD

通常盤

品番

STPR-1005

価格

2750円（税込）

店舗別オリジナル特典

AMAZON、楽天ブックス、
セブンネットショッピング、
ネオウィング、
いちごのおうじ商店共通
アナザージャケット
※中面にはメッセージと
複製サイン入り

TSUTAYA、HMV&BOOKS、
新星堂、WonderGOO、
応援店共通 ステッカー

ヴィレッジヴァンガード
ミニクリアファイル

アニメイト
ミニ缶バッジ

タワーレコード
A2 ポスター

莉犬 1stフルアルバム『タイムカプセル』

発売日 2019年12月11日

ジャケットイラスト nanao

初のオリジナルフルアルバム！自身が作詞を担当した6曲を含む、全14曲を収録。通常盤のほか、初回限定DVD盤とボイスドラマCD盤を加えた3形態を用意。

初回限定ボイスドラマCD盤

ボイスドラマ CD 収録内容

01　莉犬くんの職業体験っ！
02　りけんくんによる莉犬にぃ
　　アルバム完成おめでとう会っ！

特別ゲスト！
りけんくん＆りいこちゃん＆りねこくん

品番
STPR-9008/9

価格
3300円（税込）

仕様
CD+ボイスドラマCD

発売記念イベント

2020年2月1日・2日
アニメイト池袋本店にて開催

タイムカプセル収録曲

01

よくできました◎

作詞 HoneyWorks
作曲 HoneyWorks
編曲 HoneyWorks

2019年12月14日
MV公開

02

Y学園へ行こう 学園ドタバタ編

作詞 ピノリーノ
作曲 サカモフ(坂本英城)
編曲 サカモフ(坂本英城)

03

恋のつぼみ

作詞 莉犬
作曲 Makito Hayashi
編曲 Makito Hayashi

04

ルマ

作詞 かいりきベア
作曲 かいりきベア
編曲 かいりきベア

2019年11月23日
MV公開

莉犬 comment

すとぷりめんばーがみんな「歌ってみた」を
出してくれてうれしかったなあ……!
あとカラオケに行くと、なーくんが必ず
入れてくれるのがうれしい。
なーくんがノリノリで歌ってくれるよ!!

05

ネガリズム

作詞 DECO*27
作曲 DECO*27
編曲 Rockwell

06

ツイートツイート

作詞 Yunomi
作曲 Yunomi
編曲 Yunomi

莉犬 comment

レコーディングのときに「あははは！」と
笑った声がそのまま曲の最後に入っているので、
実は最後の笑い声を聴くたびに
いつも照れてる(笑)。

07

Happy Angle

作詞 金井奏馬
作曲 金井奏馬
編曲 金井奏馬

莉犬 comment

いままで恥ずかしくて黙っていたんだけど……
最初……題名を……
「ハッピーエンジェル」って勘違いしてた……
みんなも気を付けてネ……。

08

Rainbow

作詞 Lauren Kaori
作曲 Lauren Kaori × 家原正樹
編曲 家原正樹

莉犬 comment

初めてラップに挑戦した曲だったんだけど、
緊張しすぎて震えていたオレに、
レコーディングを手伝ってくださってる
スタッフさんが「もう雰囲気から入ろう。
マイク片手で持ってオラオラでいこう。
ぶったおす感じでいこう」と、
オレにマイクを差し出してきたことを
覚えているよ……。

09

Since 1998.

作詞 莉犬
作曲 Teppei Takashima
編曲 Teppei Takashima

2020年5月24日
MV公開

10

Now or Never

作詞 莉犬
作曲 Tomomi Narimoto
編曲 Shuhei Takahashi

11

君の方が好きだけど

作詞 莉犬
作曲 るぅと×松
編曲 松

2019年5月25日
MV公開

12
ノスタルジーの窓辺
(莉犬×るぅと)

作詞 莉犬
作曲 るぅと×松
編曲 松
歌 莉犬×るぅと

13
最終列車(すとぷり)

作詞 ななもり。×TOKU
作曲 るぅと×松
編曲 松
歌 すとぷり

14
タイムカプセル

作詞 莉犬
作曲 るぅと×松
編曲 松

2020年1月11日
MV公開

Featuring
溶解ウォッチ

作詞 ナユタン星人　作曲 ナユタン星人
編曲 ナユタン星人　歌 莉犬×るぅと

Featuring
咲かせて恋の1・2・3！

作詞 るぅと×TOKU　作曲 るぅと×松
編曲 松　歌 莉犬×るぅと×ころん

2020年2月2日
MV公開

すとぷり2ndフルアルバム『すとろべりーねくすとっ！』収録曲

発売日 2020年1月15日
品番 STPR-1006
価格 2750円（税込）※通常盤
ジャケットイラスト フカヒレ

莉犬くんが所属する6人組エンタメユニット すとぷりの2ndフルアルバム『すとろべりーねくすとっ！』収録曲から、るぅとくんとふたりでの楽曲『溶解ウォッチ』と、信号機組の楽曲『咲かせて恋の1・2・3！』を紹介。

莉犬 comment

「えらい！ えらい！ とってもえらい！」のところが大好きすぎて、レコーディングの日は朝からウキウキで、朝ご飯もしっかり食べ、実際録音するときなんかはもう、目キラッキラで録音したんだ。

Featuring

じゃむじゃむシグナル

作詞 烏屋茶房 作曲 烏屋茶房
編曲 烏屋茶房 歌 莉犬×るぅと×ころん

Featuring

エンキョリクライ。

作詞 莉犬 作曲 るぅと×松
編曲 松 歌 莉犬×るぅと

すとぷり3rdフルアルバム『Strawberry Prince』収録曲

発売日 2020年11月11日
品番 STPR-1009
価格 2750円（税込）※通常盤
ジャケットイラスト フカヒレ

すとぷりの3rdフルアルバム『Strawberry Prince』収録曲から、信号機組の楽曲『じゃむじゃむシグナル』と、るぅとくんとふたりでの楽曲『エンキョリクライ。』を紹介。

Featuring

ちこくしてもいいじゃん

作詞 るぅと 作曲 るぅと×松
編曲 松 歌 るぅと×莉犬

2019年1月3日
MV公開

るぅと1stミニアルバム『君と僕のストーリー』収録曲

発売日 2019年10月30日 品番 STPR-1004
価格 1980円(税込)※再版盤
ジャケットイラスト フカヒレ

2018年9月12日に同人流通で発売された、るぅとくんの1stミニアルバム『君と僕のストーリー』にて、るぅとくんとふたりで歌う楽曲。

Featuring

行け！僕らのスクールフロント！

作詞 るぅと×TOKU 作曲 るぅと×松
編曲 松 歌 るぅと×莉犬

るぅと1stフルアルバム『君と僕の秘密基地』収録曲

発売日 2019年10月30日 品番 STPR-1003
価格 2750円(税込)※通常盤
ジャケットイラスト フカヒレ

るぅとくんの1stフルアルバム『君と僕の秘密基地』にて、るぅとくんとふたりで歌う楽曲。

CHAPTER 02

SONG LIST

作詞楽曲リスト

作詞活動もしている莉犬くん。
これまで作詞した7曲について
制作時の思いなどを「詞」とともに紹介していくよ♪

君の方が好きだけど

恋のつぼみ

Now or Never

Since 1998.

タイムカプセル

ノスタルジーの窓辺

エンキョリクライ。

君の方が好きだけど

小さな箱から 聴こえるノイズ 孤独なモールス
誰にも 届かない 空っぽなうた

仮想の世界 手のひらにおさまる
君と僕のリレーション
流れる文字と時間 巡る季節のぶんだけ
ドキ時ドキ 君を想うの

耳につけた絆創膏
塩辛い 自責のアナグラム
日々の陰に寄り添って
明日を照らしたい

出会いも別れも 1ページ
めくるめく 愛の跡
滲んだ約束も
丸まった昨日さえ

今日の君と僕の スタート地点にしよう
巡り巡る先も

過去と現在 ゆるやかに高鳴る
君と僕のノンフィクション
過ぎ行く日々と哀歓 留まる傷のぶんだけ
ドキ時ドキ 君が恋しい

「ゴメンね」なんて言わないで
塩辛い 努力のセメタリー
寂しくないよ ここにいる
明日は手の中に

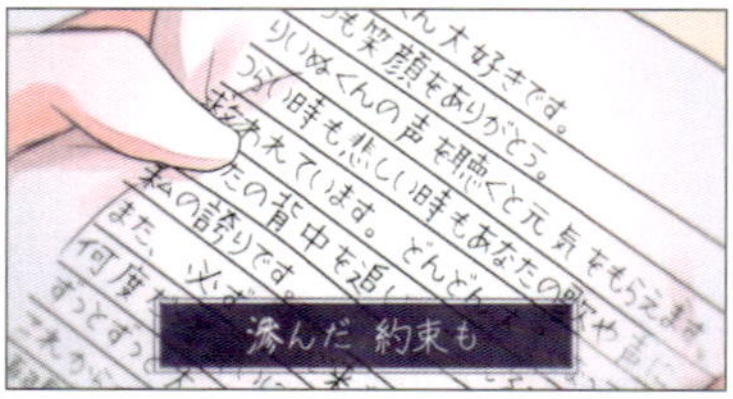

CHAPTER 02

莉犬 comment

初めて自分で作詞に挑戦した曲！ 本当にこれでいいのか、
ずーっと悩みながら作詞していたことを覚えているよ（笑）。
この曲は完全にりすなーさんとオレの物語！
活動を始めて、君と出会って、ともに過ごして、
そんな毎日を歌詞にしたんだ！ すごく思い出深い曲!!

笑顔も涙も 半分こ
振り向けば 愛の跡
笑われ 刺されても
前を指し 笑い合おう

落とした僕の欠片 君が拾ってくれた
真っ赤な愛の灯

キいて〝呪い《おねがい》〟「誰よりも幸せに」
進め 針よ 少しでも長く

君の方が僕を好きだけど
僕の方が君を愛してる

Ah いつかの終わりの日
話そうよ 今日の日のこと
〝欲しい〟を星に込め
つなげるよ 未来まで

過去から未来へと
続いてく愛の道
滲んだ 君の顔
変わらない 明日こそ

永遠来ない永遠 絶対ない絶対だ
全部愛していける

忘れないで

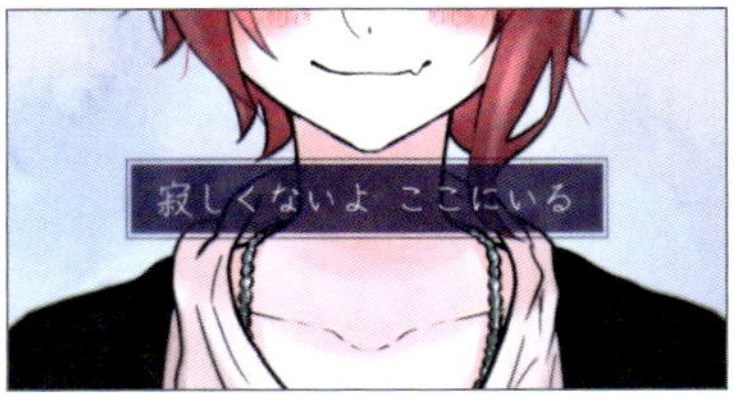

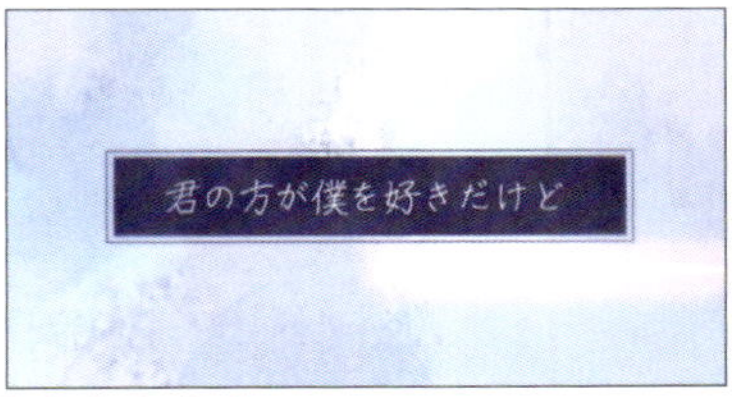

恋のつぼみ

待ち合わせ5分前 驚く君
「今来たとこ」練習してた言葉
くすりとはにかむ 君は気付いてて
かっこつかないね ぎゅっと手を握った

告白は君から
杏の花の誓い
「特別をちょーだい」
魔法をかけて

ドキドキ 恋のつぼみが
ふわり ひらく
幸せだよね
明日も明後日もずっと
おはようのキスを
「私ばっか」って言うけどさ
好きで 好きで 大好きなので!
拗ねる顔も可愛いからないしょにしよ

ねむそうにあくびをする君だって
可愛いとか
…あーあ、重症です
どこ行こう?何しよう?が楽しくて
「離れないで」急に寂しくなる

これからは僕から
杏の花に誓い
「特別はとっくに」
魔法をあげる

ドキドキ 恋のつぼみよ
きみと ふたり
離れないように
明日も明後日もずっと
おはようのキスを
「私ばっか」って言うけどさ
好きで 好きで 大好きなので!
心配しなくていいよ ほらいっしょにしよ?

一回だけだから聞いてね
君だけ 君だけなんだ
選んでくれてありがとう
君を守るどんな時も

ドキドキ 恋のつぼみが
ふわり ひらく
幸せだよね
明日も明後日もずっと
おはようのキスを
「私ばっか」って言うけどさ
好きで 好きで 大好きなので!
拗ねる顔も可愛いからないしょにしよ

莉犬 comment

「王子さまが迎えに来る！」みたいなかっこいい歌詞を書こうと思って
書き始めたはずが、できあがったのは背伸びしがちな
不器用な男の子の恋の曲(笑)。「私ばっか」って不安になってしまうくらい
大きな気持ちには、「特別はとっくに」の言葉を返したい。
そんなオレから君へのラブレターだよ！

SONG LIST

CHAPTER 02

Now or Never

優しい猫が囁いた
〝この先真っ暗だ 道もない〟
それでも進むよ
君がいたから
泣かないで お別れだ Ah

Now or Never 傷だらけの秒針も
君と僕が生きた証だ 消さないで
真白なココロが黒く染められても
止まるな 負けるな 生きるんだ 紡ぐんだ
掴みとろう この手で
今を叫べ Ah

迷子の猫よ
ひとりぼっちの日々で泣かないで
ここにいるよ…ここにいた

もう二度と

戻れない あの日の星が笑ってる
流れゆく願いを宿して 繋ぐんだ
真白なページが赤く汚されても
逃げない 泣かない 泣けない 泣かさない
守り抜こう この手で
走れ

Now or Never
傷だらけの秒針も
君と僕が生きた証だ
消さないで
真白なココロが黒く染められても
止まるな 負けるな 生きるんだ 紡ぐんだ
掴みとろう この手で
君のために Ah

優しい猫が呟いた
〝ありがとう〟
星も笑ってる

莉犬 comment

楽しかった過去も、つらかった過去も、自分が生きた証。
楽しかった日々をとり戻したいとあがいても、
あの日々は2度と帰ってこない。だからこそ、傷だらけの秒針を
抱きしめて、いまを生きていこう。そんな曲だよ！
「君自身が、君の秒針を愛せますように」

Since 1998.

「生まれてこなければよかったのに」
言われたのはこれで何回目?
濁り光る鉄 誰かの泣き声
深く閉ざした口から脳に毒が回る

とっくに致死量 15グラム
逝きも出来ないみたいだ
助けてください なんてね

ショーガイ抱える生涯
笑わないで 泣きたくなるから
殺せよ 醜いぼくを
うるさいこれでいいんだろ!
寂しさも全部連れ去って
上手く笑えてるでしょ?
嘘を吐いて繰り返して
ほんとバカみたいだなんて
ここからでもいい Be a giver 進め

「どうして普通に生きられないの」
願われたのはこれで何回目?
結婚式とか子どもを抱っことか
ありふれた 何気ない幸せの夢を見るよ

拝啓15年後のぼくへ
誰にも言えないワガママ
「助けてください」

小さな願い

CHAPTER 02

莉犬 comment

『生まれてから、』という動画を投稿してから1年。
ありのままの自分をそのまま歌詞にしたんだ！
あまりにも真っすぐに気持ちを書きすぎて、
受け入れてもらえるか不安だったことを覚えてる（笑）。
「Be a giver」オレから君への勇気のバトン。
受けとってくれるとうれしいな。

『生まれてから、』

Be a giver 進め

障が《かな》いか障害《否》かなんてもんじゃ
この世界は変わらないから
ぼくを変えるしかないさ
ぼくが変えるしかないさ
泣きたいほど怖くても前へ
強がって進め

ショーガイ抱える生涯？
〝障害〟は越えてくもんだろ？
殺せよ臆病なぼくを
うるさいこれでいいんだよ！
寂しさも全部連れてって
上手く笑えなくてもいい
嘘を吐いて繰り返して
ほんとバカみたいだなんて
ここからでもいい

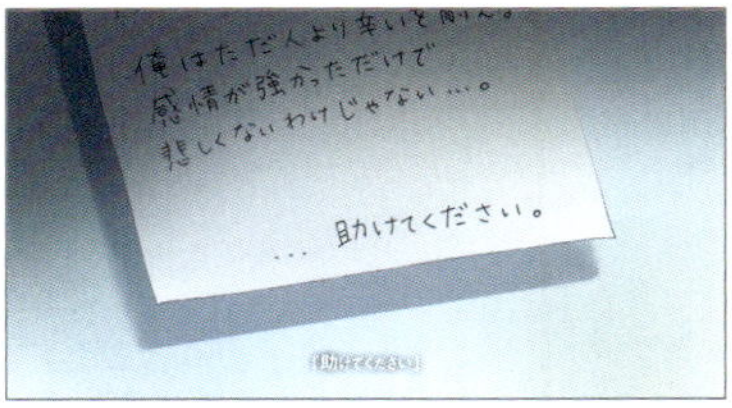

タイムカプセル

茜色に染まる世界で
ぽつり 取り残され
(君とふたり)
「また明日」
言えるのはあと何回だろう?
限りある明日へと
進んで

ひとつ 桜が綺麗なこと
ひとつ 空が青いこと
紅葉色づき(赤)
竜胆色の(朝)
笑い泣く日々を刻もう

時、ドキ 過去から未来への
贈り物をしよう 遠い君へ

何十年何百年先
僕は君のことを忘れない
この声続く限り Ah
君に歌うから

ひとつ 不器用なメッセージ
ひとつ ともに語る夢
支えてくれた(こと)
君が君な (こと)
笑い泣く日々が愛しい

時、ドキ 僕から君だけに
贈り物をしよう 何度だって

何百年何千年先

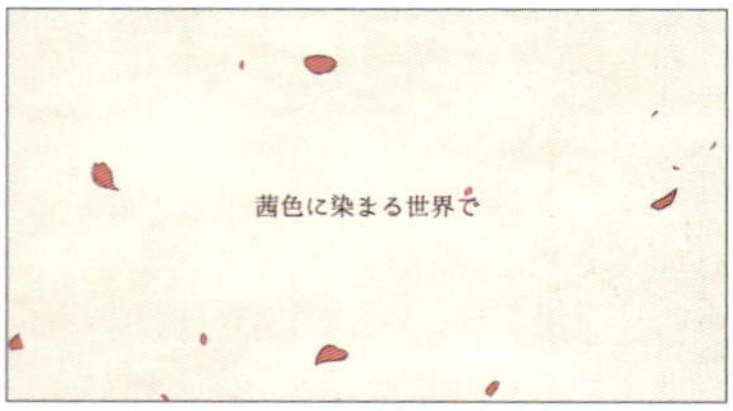

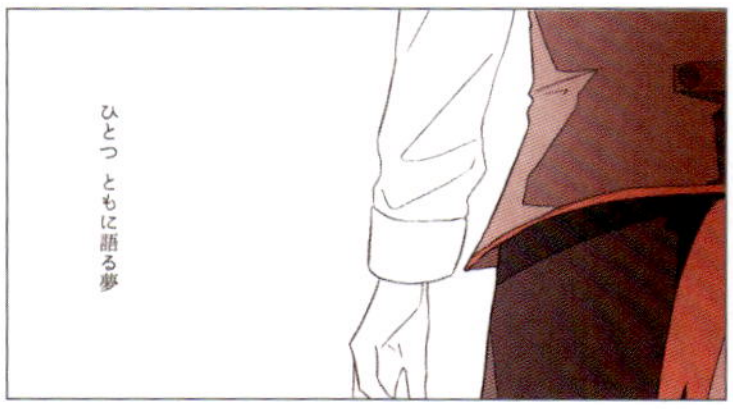

CHAPTER 02

莉犬 comment

『君の方が好きだけど』は、いまのオレと君の曲。この『タイムカプセル』は、いまのオレから未来の君への曲なんだ！ 2番で「君が僕のことを忘れても」という歌詞を書いたんだけど……本当は忘れられたくない！！！ ずっと覚えていてほしい！！！ なので、2番の歌詞は号泣しながら書いたんだ（笑）。でも！！！ もしオレを忘れてしまったとしても！！！！！ 遠く未来の君の幸せを願うオレの気持ちは、揺らがないよ！！！！！！！！

君が僕のことを忘れても

この命ある限りＡｈ

君と生きた今日に
鍵をかけて
色鮮やかなまま
時かけてＡｈ
届いて宝物
君のもとへ

茜色に染まる世界で
あと少しだけでいい
（君とふたり）
夢を見る
「また明日」
ワガママな夢をさ

何千年何億年先
僕は君のことを忘れない
この声続く限りＡｈ
君に歌うから

遠く未来《さき》へ

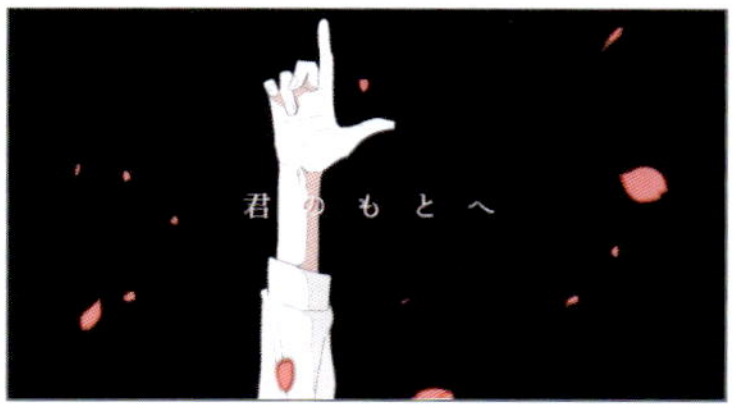

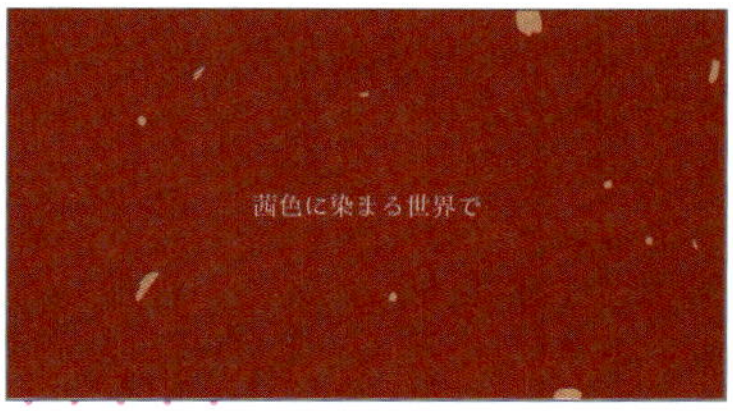

ノスタルジーの窓辺

桜が散る
制服ロードding
よーいドンで
怒られたっけなあ

流れる街並みを横目に
lonely only

〝終点まで行ってみようよ〟
小指合わせ（息をひそめ）
ぼんやりと同じ先を信じていた
黄金の日々が過ぎてく

ノスタルジーの窓辺
いつかの約束
君はもういないけれど
怖いんだカムパネルラ
違う道を 僕らは
進んでいくよ この足で

叶わない夢語るヤツが嫌いだった
馬鹿だな ないものねだり

見知らぬ街 惹かれ降り立つ
lonely only

かけっこをする子どもたち
あの日の声（時が止まる）
寂しさが見せる蜃気楼の中で

水平線の君と《影が今》
すれ違う

泡沫よ覚めないで
ふわり あたたかい
絵空事の停車駅
いかないでカムパネルラ
夜に溶ける 旅立て
遥か先へ

悪ふざけとか
失敗だとか
怒ってくれる先生もいないし
あの駅で待ち合わせも出来ないね

それぞれの
ゴールへ向かい

終点の道すがら
君に会いたいと
叫ぶ傷が痛むけど
さよならカムパネルラ
背中向けて 一歩を
踏み出そう

ノスタルジーの窓辺
いつかの約束
君はもういないけれど
さよならカムパネルラ
違う道を 僕らは
進んでいくよ またいつか

莉犬 comment

卒業すれば、仲のよかった友だちとも違う道に向かって歩いて行かなきゃいけない。そんなさびしさを曲にしたよ。実は、この曲を聴くとものすごくさびしくなっちゃうんだけど、同じ道に向かってくれるすとぷりめんばーのことを思い出して、あたたかい気持ちになったりするんだ（笑）。大人になってから聴くと、よりこの曲を愛せるんじゃないかなと！

エンキョリクライ。

アンドゥトロワでエスコートするよ
ここが僕らのプロローグ
「またね」の日は今日より真実の愛を誓う
カボチャの馬車で行くからさ
踊ろう 秘密のノクターン

君の瞳から〝寂しがり〟のサイン
You miss me.
「遠回りしよ？」
ワガママを一粒
このまま重なる影が続けばいいのにね
織姫と彦星に
なんてなりたくはないよ

月灯かりが魅せた舞踏会
約束の時間だ
鐘が鳴る

アンドゥトロワでエスコートするよ
ここが僕らのプロローグ
「またね」の日は今日より真実の愛を誓う
カボチャの馬車で行くからさ
踊ろう 秘密のノクターン
それまでのお別れだよ
泣かないでシンデレラ

君へ心から〝愛してる〟のLINE
I miss you.
「元気でいるよ」
強がりを一粒
このまま寂しい夜も終わればいいのにね
織姫と彦星も
同じ空を見ていたの？

一人で泣く夜は消してあげる
待ち合わせしようか
鐘よ鳴れ

アンドゥトロワでエスコートするよ
今だけリンゴの眠り姫
どんな絵本にいても見つけにいくから
泣きたいときはそばにいさせてよ
踊ろう 夢路のノクターン
君の王子になりたい
手をとって シンデレラ

迎えに来たよ 僕のシンデレラ
「行こう」

アンドゥトロワでエスコートするよ
ここが僕らのエピローグ
ガラスの靴はいらない ほら手を繋ごう
どんな時でもそばにいるから
踊ろう 君とのラブソング
君の王子になりたい
愛してる シンデレラ

莉犬 comment

ライブの機会が何度も奪われ、会えない日々が続いてるよね。
悔しいもさみしいも、会いたいも、君とのいまを残そうと書いた歌詞なんだ！
それぞれの事情でライブに来られない子にも、「いつか会える」っていう
安心を与えられる曲になればいいなと思っているよ！
またライブができる日々に戻ったら、ライブのたびにこの曲に思い出を
積み重ねていきたいなと考えているんだ。早く君に会えますように！

LIVE LIST

莉犬くん初のワンマンツアー『「R」ealize』、東名阪ツアー『すたーとらいふっ!』、3D生配信ライブまで、これまでのライブをセットリストとともに紹介していくよ♪

LIVE

莉犬ワンマンツアー
-「R」ealize-

1stアルバム『「R」ealize』のリリースに合わせて開催された初のワンマンツアー。すとぷりめんばーのるぅとくんとさとみくんがゲストとして登場！

2018年4月30日（月）

開演時間 17時

会場

Diamond Hall
（愛知）

ゲスト

セットリスト

01. すとろべりぃぬまじっく
02. 私、アイドル宣言
03. おじゃま虫
04. 聞こえますか
05. なでなで
06. 妄想わんでい
07. ロキ
※るぅとコラボ
08. ノンファンタジー
※るぅとコラボ
09. ドナーソング
10. 彗星ハネムーン
11. おねがいダーリン
12. 小さな恋のうた

アンコール

13. イノコリ先生

LIVE LIST

2018年5月3日(木)

開演時間 17時

会場
BIGCAT(大阪)

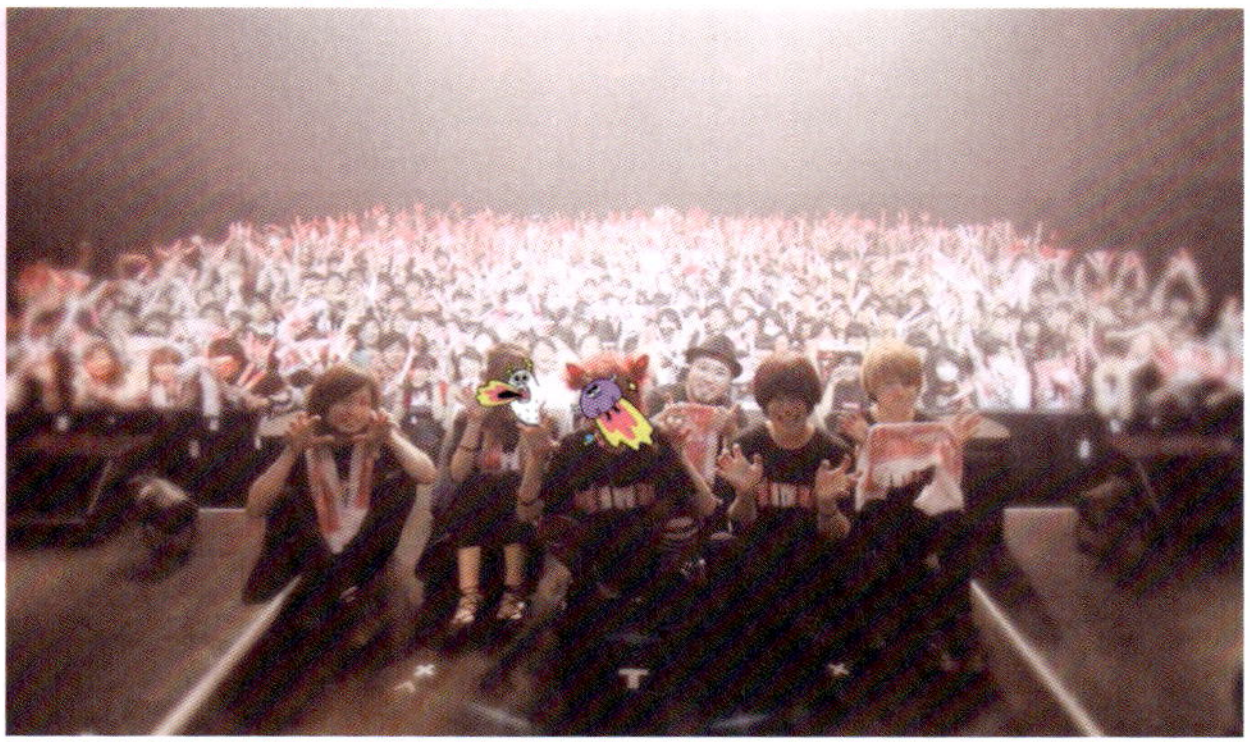

セットリスト

01. すとろべりぃぬまじっく
02. 私、アイドル宣言
03. おじゃま虫
04. 聞こえますか
05. なでなで
06. 妄想わんでい
07. ロキ ※さとみコラボ
08. ロメオ ※さとみコラボ
09. ドナーソング
10. 彗星ハネムーン
11. おねがいダーリン
12. 小さな恋のうた

アンコール

13. イノコリ先生

2018年5月13日(日)

開演時間 17時

会場
新宿ReNY(東京)

セットリスト

01. すとろべりぃぬまじっく
02. 私、アイドル宣言
03. おじゃま虫
04. 聞こえますか
05. なでなで
06. ロキ ※るぅとコラボ
07. ノンファンタジー ※るぅとコラボ
08. ロメオ ※さとみコラボ
09. ドナーソング
10. 彗星ハネムーン
11. おねがいダーリン
12. 妄想わんでい
13. イノコリ先生

アンコール

14. 小さな恋のうた

LIVE

わん！マンツアー『すたーとらいふっ！』

#すたらい

約1年ぶりに開催されたワンマンツアー。
すとぷりめんばーのるぅとくん、さとみくん、
なーくんがゲスト出演したよ。ライブ写真とともに紹介！

2019年8月2日（金）

開演時間 17時

会場

Zepp Tokyo
（東京）

ゲスト

るぅと

セットリスト

01. すとろべりぃぬまじっく
02. 私、アイドル宣言
03. なでなで
04. 彗星ハネムーン
05. ちこくしてもいいじゃん
※るぅとコラボ
06. すとろべりーごーらんどっ
※るぅとコラボ
07. ロキ
08. ヒバナ
09. 夏祭り
10. たばこ
11. おねがいダーリン
12. 小さな恋のうた

アンコール

13. ファンサ
14. 君の方が好きだけど

LIVE LIST

2019年8月13日(火)

開演時間 17時

会場

Zepp Namba(大阪)

ゲスト

さとみ

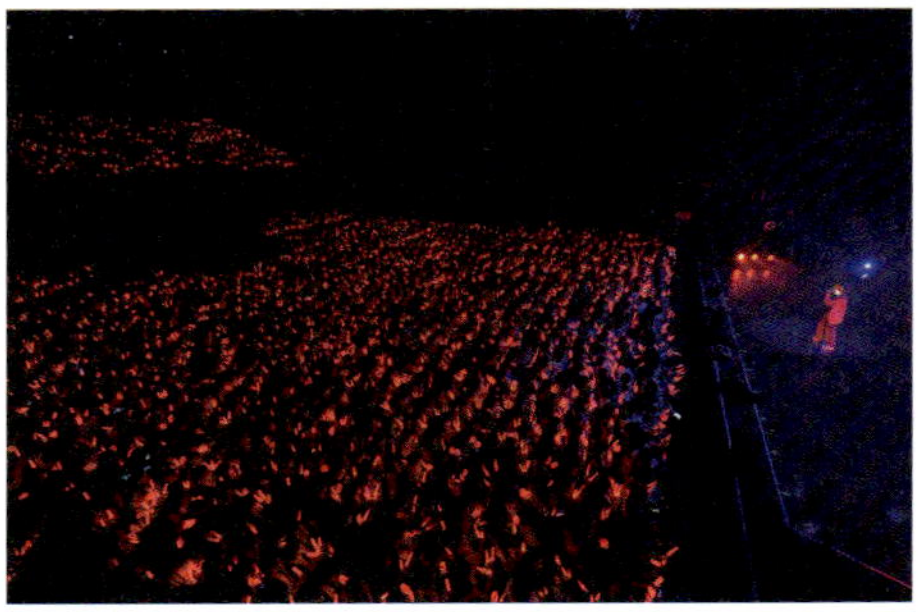

セットリスト

01. すとろべりぃぬまじっく
02. かいしんのいちげき！
03. 妄想わんでい
04. 私、アイドル宣言
05. ロメオ ※さとみコラボ
06. ノンファンタジー ※さとみコラボ
07. ECHO
08. ヒバナ
09. 夏祭り
10. ドナーソング
11. 小さな恋のうた
12. おねがいダーリン

アンコール

13. おじゃま虫
14. 君の方が好きだけど

2019年8月27日（火）

開演時間 17時

会場

Zepp Nagoya（愛知）

セットリスト

01. すとろべりぃぬまじっく
02. なでなで
03. かいしんのいちげき！
04. 妄想わんでい
05. 厨病激発ボーイ
※ななもり。コラボ
06. 一心不乱
※ななもり。コラボ
07. ドナーソング
08. 虎視眈々
09. 彗星ハネムーン
10. 夏祭り
11. 聞こえますか
12. おねがいダーリン
13. 小さな恋のうた

アンコール

14. ファンサ
15. 君の方が好きだけど

LIVE

バーチャル莉犬くんお披露目生ライブ!!!

#莉犬くん 3D

すとぷり初の生配信バーチャルライブは莉犬くんから！
ライブ前日の11月20日に発表された3Dの莉犬くんが、
バーチャル空間で歌う姿を披露したよ♡

2020年11月21日（土）
開演時間 19時
オンライン配信

セットリスト

01. よくできました◎
02. 人生勝利宣言！
03. 恋のつぼみ
04. ルマ
05. ネガリズム
06. ツイートツイート
07. Since 1998.
08. タイムカプセル

LIVE GOODS LIST

―ワンマンツアーのグッズリスト―

莉犬くんのワンマンツアー、『「R」ealize』と『すたーとらいふっ!』で販売されたオフィシャルグッズを紹介するよ♪

「R」ealize

缶バッジ
500円
サイズ：直径74mm(約)

アクリルキーホルダー
800円
サイズ：全長75mm(約)

「R」ealize CD
3240円

マフラータオル
2000円　サイズ：110cm×20cm(約)

ラバーバンド
500円　サイズ：12mm×190mm(約)

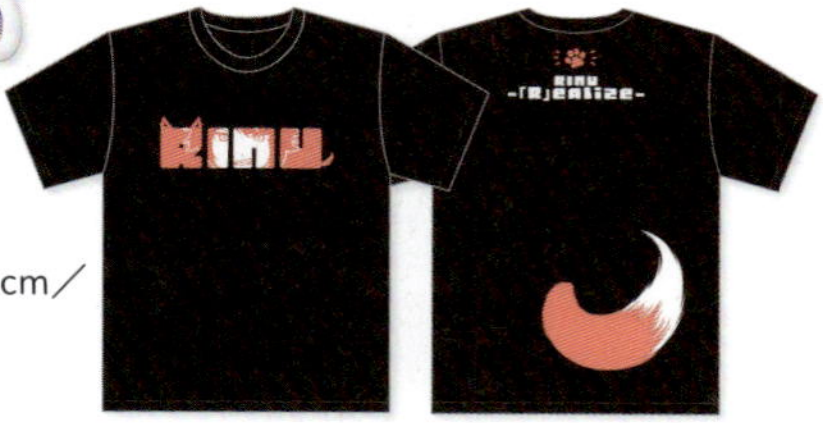

BIG Tシャツ
3000円
サイズ：着丈74cm／身幅56cm／袖丈22cm(約)

すたーとらいふっ！

缶バッジくじ(全6種)
400円　サイズ：直径5.4cm

A4クリアファイルくじ(全6種)
600円　サイズ：A4サイズ用(W22cm×H31cm)

A
B

マフラータオル A／マフラータオル B
1600円　サイズ：W110cm×H20cm(約)

りいぬのわんわんかちゅーしゃ!
1500円
カチューシャ部分サイズ：W14×H15cm(約)　※耳含まず
耳サイズ：W8cm×H7.5cm(約)

付箋
500円　※紙50枚
サイズ：8.5cm×8.5cm(約)

オリジナルチャーム付き

りいぬのわんわんしっぽきーほるだー!
1500円
しっぽサイズ：全長20cm(約)
チャームサイズ：直径2.5cm

アクリルキーホルダー A／アクリルキーホルダー B
800円
サイズ：全長7cm(約)

A

B

A
B

シリコンバンド A／シリコンバンド B
600円　サイズ：円周21cm(約)

マグカップ　1800円
サイズ：口径8.9cm／高さ9cm
容量：360cc

※発売時の価格を表記しています　※現在は販売しておりません

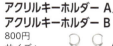

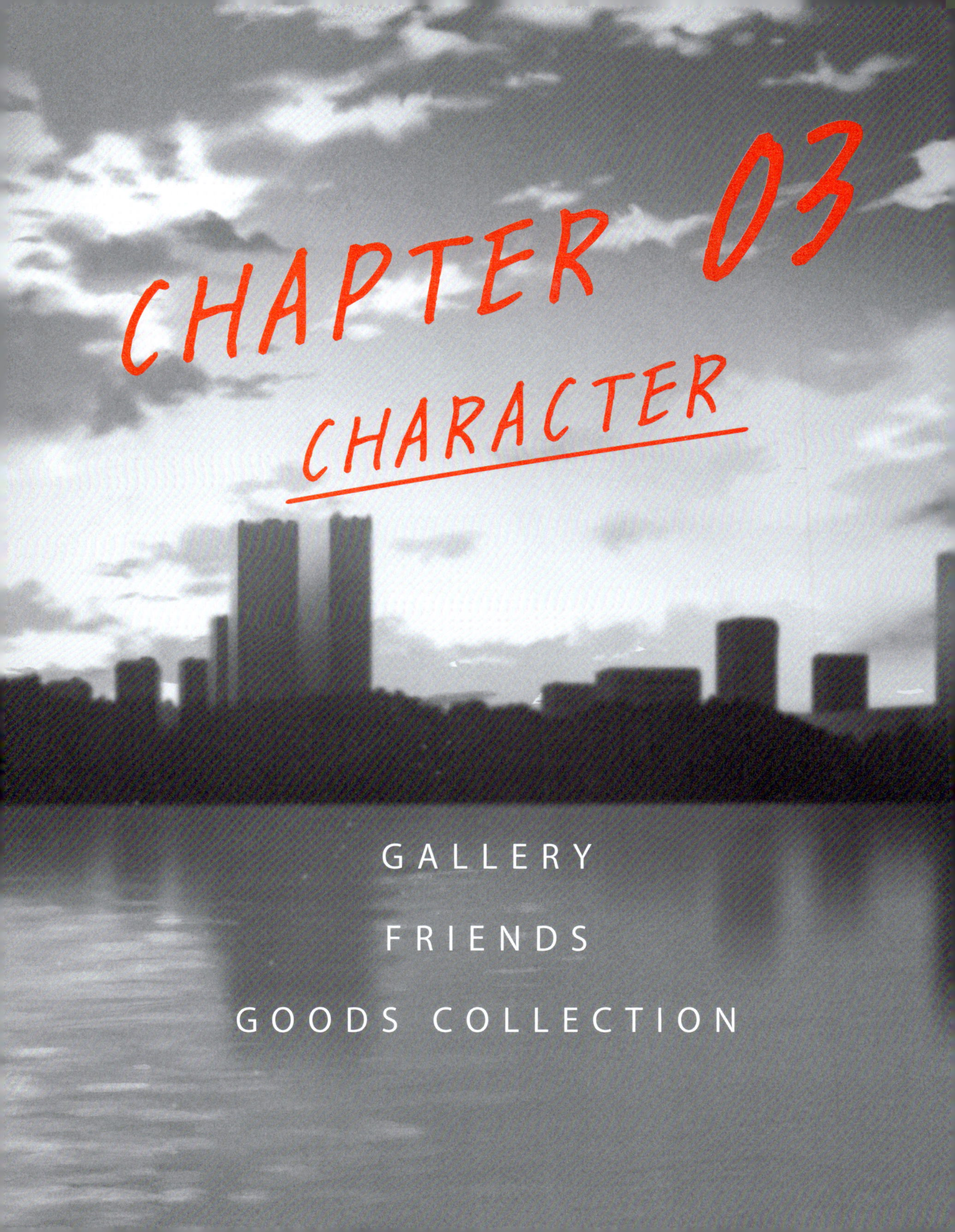

CHAPTER 03

CHARACTER

GALLERY

FRIENDS

GOODS COLLECTION

莉犬GALLERY

いろんなオレをどうぞ♡

School uniform

『すとろべりーめもりーvol.5』
表紙

2019 夏ver.

2019 春ver.

2018 冬ver.

2020 秋ver.

いろいろな絵師さんが描くさまざまな表情の莉犬くん。季節に合わせたファッションや動画で楽しませてくれる莉犬くんファミリーをセレクトしました！

安定の
制服スタイル♡

『すとろべりーめもりーvol.1』
すとめもぎゃらりー

2019 秋ver.

【MV】パレードはここさ

2019 春ver.

『すとろべりーめもりーvol.1』
表紙

Season's style

季節に合わせた色とりどりのファッションやコスチュームで楽しませてくれることも！

コスプレ的眼福♡

2019 バレンタインver.

『すとろべりーめもりーvol.4』表紙

【MV】Strawberry Nightmare

2019 夏 いちごまりんver.

『すとろべりーめもりーvol.6』表紙

『すとろべりーめもりーvol.2』
表紙

2020 夏 浴衣ver.

『すとろべりーめもりーvol.3』
すとめもぎゃらりー

2019 夏 甚平ver.

『すとろべりーめもりーvol. 3 』
表紙

2020 春ver.

2020 冬ver.

王子っぽい
豪華な衣装も
好き♡

2021 New Year トランプver.

2021 春ver.

On stage!

かっちりしたジャケットやタイ、マントなどがあしらわれた衣装に身を包むことも！

2021 New Year トランプver.

【MV】Prince

2019 夏ver.

2019 秋ver.

オレの大事!?な仲間です！
莉犬くんとFRIENDS

犬八先生

莉犬くんと同じ顔の３年
にゃ〜組の担任教師。
推定28歳。
面倒くさいことが嫌い。
女子に人気がない。残念。

いつも元気な
莉犬くん♪

りすなーさんとの
絆から生まれた
ファミリーなんだ！

莉犬くん

永遠の高校3年生！
IQは3らしい。
好きなもの：好きだなって思うもの
嫌いなもの：嫌いだなって思うもの

かわいいパジャマ姿を
みれちゃうのは
このシリーズだけ!?

莉犬くんのYouTubeチャンネルには莉犬くんプロデュースによる楽しいアニメーション動画もあるんだ。シリーズで登場している愛弟のりけんくんをはじめとした仲間たちをピックアップ！

2020年のお正月の動画では、
みんなでお着物姿を披露したよ♪

寝ていると天使♡
かわいすぎるりけんくんの
寝顔もみれちゃう！

り、りけんくん、
その顔みせちゃ
ダメでしょー！

りけんくん

かわいらしい見た目と裏腹に、
しんらつ&直球な言葉を発する
小悪魔系男子。なんだかんだと、
莉犬くんとよく絡んでいる。
好きなもの：マシュマロ
嫌いなもの：莉犬くん

５歳の
りけんくんも
当然かわいい

莉犬
ファミリーの
女神です♡

3歳の
りいこちゃんも
かわいい！

りいこちゃん

いまどきギャルの女子高生。
（授業中にスマホをいじるのはやめましょう）
好きなもの：かわいいもの
嫌いなもの：インスタ映えしないもの

みんなの
お世話係さ……

莉犬くんの
よき相棒！

りねこくん

フリーダムな３年にゃ〜組の中で、ちゃんとしてる唯一の存在。

いつも意見をするため、先生からは「面倒くさい」「女の子にモテないと思う」と言われているが、けっこうモテるタイプ!?

よろしくーっス!!

New Face!

にゃ〜組に
転校生がやって来た！

トラブルメーカーの予感……
今後の展開も楽しみ！

りとらくん

チャームポイントはクリンとしたアホ毛。
恋愛至上主義！
ノリが軽い！
割と常識人。
好きなもの：女の子
嫌いなもの：イケメン

りとらくんの裏情報

イケメンでオレさまの兄がいて、いつもこき使われていた……らしい。

莉犬くん
ちゃんねる

莉犬くんの
サブちゃんねる！

莉犬くんと仲間たちの楽しい動画はこちらから！

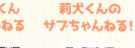

次男

【アニメ】
すとぷりが6兄弟だったら？
総集編が草WWWWWWW

すとぷり公式チャンネルで大人気の動画、６兄弟シリーズ。いままで末っ子キャラだった莉犬くんが、本シリーズではしっかり者の次男役を担当しているよ。落ちついている雰囲気の莉犬くんも素敵♡

バーチャル莉犬くん

2021年4月3日『すとろべりーめもりー in バーチャル！』にて、すとぷり初のバーチャルライブを開催！ YouTube、bilibili、TikTokでの全世界同時無料配信で世界中の人に楽しんでもらったんだ。そのステージでも大活躍したバーチャルの莉犬くん。『すとろべりーめもりー in すとぷりちゃんねる！ Vol.2』の告知で初お目見えし、りすなーさんたちを驚かせたよ。いまは、莉犬くんの個人チャンネルでもバーチャル莉犬くんの動画がアップされてるからチェックしてね！

今後のすとぷりの新しいコンテンツ、未来が楽しみ!!

【ライブ】
すとろべりーめもりー in バーチャル！
【すとぷり3Dライブ生配信】

番外編

莉犬くんがCVをつとめていた、人気アニメキャラ！

蛇山チアキ

莉犬くんがCV（声優）をつとめた、学園マフィア『スネークス』の黒幕。

バイパーコネクターの力を使って妖怪HERO『スカイスネーカー』に変身し、ギター音による衝撃波で敵を攻撃する。ろくろ首と合体することでイニシエ妖怪HERO『ロクロ・ロックス』にも変身できるようになり、新たな力を手に入れた。

莉犬くんのグッズが好き。

Key ring & Can Badges

Hair clip

RINU
GOODS COLLECTION

Hand mirror & Strap

Hair accessory & Tie

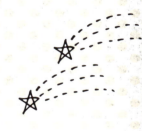

Clear file & Magazine

Towel

CHAPTER 04
MESSAGE

特別に！普段あまり語らない話をしようと思います！

最後に、オレからみんなにメッセージを贈ります。

りすなーさんやすとぷりめんばーとともに歩んできた歴史だからこそ、
昔の活動のことを話すのは、ほこらしい気持ちだったり、
やっぱり恥ずかしかったり、
けっこう複雑な気持ちだったりします（笑）。

だけど！今回は「祝！莉犬めもりー」ということで！
特別に！普段あまり語らない話をしようと思います！
照れちゃうね！
オレは過去に何度か、自分の人生について話したことがあったんだけど、

そのときに、「莉犬くんは、何で自分自身のことをそんなに話せるんだろう？」って質問をもらったことがあるんだよね。

今日はそのことについて話していこうと思います！

実はけっこう深い理由があって、いままでこのことに触れたことはなかったんだけど、大事な機会なので伝えようと思います。

恥ずかしくて文がぐちゃぐちゃになっちゃうかもしれないけど、許してね!!

「どうして自分自身のことをそんなに話せるのか？」って質問に対して、

正直な話をすると、

「自分の嫌な過去について話したいとは思ってなかった」ってのが本音です。

やっぱり、そんなに思い出したくないってのが本心だし、

情報だけを見聞きしたオレのことを何も知らない人から、固定観念にしばられた目でみられてしまうのが怖かったからです。

でも、活動をする中でオレの考えが変わった瞬間がありました！

それは性同一性障害について、りすなーさんに伝えたときのことです。

放送のあと、たくさんのりすなーさんから あたたかい言葉を もらいました。

放送の前は、受け入れてもらえるかな？ って吐いちゃったりして……。


あんなに緊張したのは人生で初めてかもしれない！ ってくらい実は緊張してたんだ(笑)。

放送のあと、そんな不安をかき消すくらい、たくさんのりすなーさんからあたたかい言葉をもらいました。

正直、離れちゃう子がいるだろうなって思っていたから、受け入れてくれた子がたくさんいて、すごく安心しました。本当にありがとう。


そのあとくらいからかな。たくさんのりすなーさんが、リプやＤＭ、手紙で、「いままで誰にも言えなかったけど、私もつらいことがあって……」と自分の人生をオレと共有してくれることが増えました。

家族のこと、友だちのこと、将来のこと……いろんなことでつらい思いをしているりすなーさんがたくさんいることを実感しました。
でも残酷なことに、ヒーローが助けてくれるなんてマンガの中だけの話で、
オレがいちばんつらかったとき、オレを助けてくれた人がいなかったように、
どうしようもなくつらい毎日から、君のことを本当の意味で助けてくれる人なんて、きっといない。
君自身を救えるのは君だけなんだと、オレはそう思います。

それが悔しくて、どうにか君の力になりたくて、
何度だって「好き」を伝えてくれて、何度だって支えてくれた君に、
どうやったらこの「ありがとう」を返せるんだろう？ ってすごく悩みました。
君がいじめで苦しんでいるとき、かばってあげられないことが悔しい。
君が家族のことで悩んでいるとき、連れ出してあげられないことが悔しい。

泣いてるとき、涙をふいてあげられない。
さびしいとき、手をつないであげられない。
君が頑張ってることをオレは知っているのに、
君が毎日一生懸命生きていることをオレは知っているのに、
君を守ってあげられないことがオレは本当に悔しくて、むなしくて……。

だからせめて、君の心を守れる人でありたいと、そう思いました。

楽しいときもつらいときもそばにいたい。

君の「好き」に何度だって励まされた。

君の「ありがとう」が何度だって未来をつくってくれた。
君が独りじゃないことを、
君の力になりたい人間がここにいることを、
どうやったら信じてもらえるだろう？

君に幸せになってほしい。
元気をあげたい。
楽しいときもつらいときもそばにいたい。

つらいときは逃げてもいい。

そして君が頑張りたいと思ったときは、一緒に頑張れる人でありたい。
君の毎日に一緒にいさせてほしい。

何も知らない相手から言われた「生きて」と、
その人についていろいろ知ってから言われた「生きて」だと、
言葉の意味も想いも全然違うってことをオレは知っています。

だから、君の人生に向き合うために、
オレの人生を君にあげようと思って投稿したのが『生まれてから、』の動画でした。

忘れようと思っていた過去。
なかったことにしたかった過去。

でも、君を独りにしたくないから、君にオレの言葉を信じてほしいから、
目を背けたくなる過去だって、みじめな自分のことだって、
オレの全部を君にあげる。

『Ｓｉｎｃｅ　１９９８．』も、そんなオレの覚悟と決意表明でした。
オレを知って、そのうえでこの「想い」がどれほど本気か、受けとってほしい。
だからオレは、いまもこうしてオレの人生を君に伝えています。

だから大丈夫。
君は独りじゃない。

もちろん、これからの未来だって、
つらいことはたくさんあると思う。

くじけそうになること、
あきらめそうになることがあるかもしれない。

たくさんの人から冷たい言葉をあびせられたり、誤解を受けたり、
ときには声が届かなくなってしまう瞬間だってあるかもしれない。
それでもオレはくじけたくないし、あきらめたくない。

オレにできることは、歌うことと、声を届けること。
そして、君と一緒に毎日を生きること。
だから、あきらめるわけにはいかない。

「莉犬くんが頑張ってるから、一緒に頑張ろう」
そうやって君が一緒に生きてくれるなら、もう少しだけ頑張れる。
オレも、君と一緒に生きたいから頑張るよ。

だから大丈夫。君は独りじゃない。

君の頑張りを知ってる人がここにいるよ。
君のおかげで頑張れている人がここにいる。
それを忘れないでほしい。

どんなにつらくてもオレが率先して前に進むから、
一緒に生きてくれたらうれしい。
どうか君の想いを一緒に背負わせて。
それがこれまでの人生を君にあげたオレからの言葉です。

あらためて、過去のオレを知って、いまのオレを愛してくれてありがとう。

君と過ごすいまが、未来のオレをつくって、
そうやってつかみとった未来でも、君が隣にいてくれると信じています。

最近は、全然会えていないけど、

またライブしたり、握手会したり、君の顔をみて、直接「ありがとう」を伝えたいな。
もちろん放送もして、動画もたくさん出して、一緒に笑って、泣いて、楽しんで！
笑顔も涙も、楽しさも悔しさもさびしさも、ぜーんぶ君とは半分こ！

そして、何度だって、未来で過去の話をしよう。

約束！

最後に、いつも応援してくれて本当にありがとう。
最強にかっこいいオレのこと、ちゃんとみててね！

大好き！

何度だって、未来で過去の話をしよう。

大好きな君と、
最高のめんばーと一緒に、
少しでも長く幸せな日々が送れますように！

莉犬めもりー

2021年5月24日　初版発行

STPR BOOKS
企画・プロデュース　ななもり。

著者　莉犬×ななもり。

Special Thanks　“1ページ” を一緒にめくってくれた君！

編集　株式会社ブリンドール

デザイン　アップライン株式会社

印刷・製本　大日本印刷株式会社

発行　STPR BOOKS

発売　株式会社リットーミュージック
〒101-0051 東京都千代田区神田神保町一丁目105番地

[乱丁・落丁などのお問い合わせ先]
リットーミュージック販売管理窓口
TEL：03-6837-5017／FAX：03-6837-5023
service@rittor-music.co.jp
受付時間／10:00 - 12:00、13:00 - 17:30（土日、祝祭日、年末年始の休業日を除く）

[書店様・販売会社様からのご注文受付]
リットーミュージック受注センター
TEL：048-424-2293／FAX：048-424-2299

※本書は新型コロナウイルス感染症（COVID-19）拡大防止のため、政府の基本方針に基づき、著者・スタッフの健康面、安全面を考慮し、感染リスクを回避するための対策につとめて制作しております。

※本体価格は裏表紙に表示しています。

Printed in Japan
ISBN 978-4-8456-3625-9
C0095　¥2000E